T&P BOOKS

I0176564

ITALIAANS

WOORDENSCHAT

THEMATISCHE WOORDENLIJST

NEDERLANDS ITALIAANS

De meest bruikbare woorden
Om uw woordenschat uit te breiden en
uw taalvaardigheid aan te scherpen

3000 woorden

Thematische woordenschat Nederlands-Italiaans - 3000 woorden

Door Andrey Taranov

Woordenlijsten van T&P Books zijn bedoeld om u woorden van een vreemde taal te helpen leren, onthouden, en bestudering. Dit woordenboek is ingedeeld in thema's en behandelt alle belangrijk terreinen van het dagelijkse leven, bedrijven, wetenschap, cultuur, etc.

Het proces van het leren van woorden met behulp van de op thema's gebaseerde aanpak van T&P Books biedt u de volgende voordelen:

- Correct gegroepeerde informatie is bepalend voor succes bij opeenvolgende stadia van het leren van woorden
- De beschikbaarheid van woorden die van dezelfde stam zijn maakt het mogelijk om woordgroepen te onthouden (in plaats van losse woorden)
- Kleine groepen van woorden faciliteren het proces van het aanmaken van associatieve verbindingen, die nodig zijn bij het consolideren van de woordenschat
- Het niveau van talenkennis kan worden ingeschat door het aantal geleerde woorden

T&P Books Publishing
www.tpbooks.com

ISBN: 978-1-78492-379-2

Dit boek is ook beschikbaar in e-boek formaat.
Gelieve www.tpbooks.com te bezoeken of de belangrijkste online boekwinkels.

ITALIAANSE WOORDENSCHAT
nieuwe woorden leren

T&P Books woordenlijsten zijn bedoeld om u te helpen vreemde woorden te leren, te onthouden, en te bestuderen. De woordenschat bevat meer dan 3000 veel gebruikte woorden die thematisch geordend zijn.

- De woordenlijst bevat de meest gebruikte woorden
- Aanbevolen als aanvulling bij welke taalcursus dan ook
- Voldoet aan de behoeften van de beginnende en gevorderde student in vreemde talen
- Geschikt voor dagelijks gebruik, bestudering en zelftestactiviteiten
- Maakt het mogelijk om uw woordenschat te evalueren

Bijzondere kenmerken van de woordenschat

- De woorden zijn gerangschikt naar hun betekenis, niet volgens alfabet
- De woorden worden weergegeven in drie kolommen om bestudering en zelftesten te vergemakkelijken
- Woorden in groepen worden verdeeld in kleine blokken om het leerproces te vergemakkelijken
- De woordenschat biedt een handige en eenvoudige beschrijving van elk buitenlands woord

De woordenschat bevat 101 onderwerpen zoals:

Basisconcepten, getallen, kleuren, maanden, seizoenen, meeteenheden, kleding en accessoires, eten & voeding, restaurant, familieleden, verwanten, karakter, gevoelens, emoties, ziekten, stad, dorp, bezienswaardigheden, winkelen, geld, huis, thuis, kantoor, werken op kantoor, import & export, marketing, werk zoeken, sport, onderwijs, computer, internet, gereedschap, natuur, landen, nationaliteiten en meer ...

INHOUDSOPGAVE

UITSPRAAKGIDS

T&P fonetisch alfabet	Italiaans voorbeeld	Nederlands voorbeeld
[a]	casco ['kasko]	acht
[e]	sfera ['sfera]	delen, spreken
[i]	filo ['filo]	bidden, tint
[o]	dolce ['doltʃe]	overeenkomst
[u]	siluro [si'luro]	hoed, doe
[y]	würstel ['vyrstel]	fuut, uur
[b]	busta ['busta]	hebben
[d]	andare [an'dare]	Dank u, honderd
[dz]	zinco ['dzinko]	zeldzaam
[dʒ]	Norvegia [nor'vedʒa]	jeans, jungle
[ʒ]	garage [ga'raʒ]	journalist, rouge
[f]	ferrovia [ferro'via]	feestdag, informeren
[g]	ago ['ago]	goal, tango
[k]	cocktail ['koktejl]	kennen, kleur
[j]	piazza ['pjattsa]	New York, januari
[l]	olive [o'live]	delen, luchter
[ʎ]	figlio ['fiʎʎo]	biljet, morille
[m]	mosaico [mo'zaiko]	morgen, etmaal
[n]	treno ['treno]	nemen, zonder
[ŋ]	granchio ['graŋkio]	optelling, jongeman
[ɲ]	magnete [ma'ɲete]	cognac, nieuw
[p]	pallone [pal'lone]	parallel, koper
[r]	futuro [fu'turo]	roepen, breken
[s]	triste ['triste]	spreken, kosten
[ʃ]	piscina [pi'ʃina]	shampoo, machine
[t]	estintore [estin'tore]	tomaat, taart
[ts]	spezie ['spetsie]	niets, plaats
[tʃ]	lancia ['lantʃa]	Tsjechië, cello
[v]	volo ['volo]	beloven, schrijven
[w]	whisky ['wiski]	twee, willen
[z]	deserto [de'zerto]	zeven, zesde

AFKORTINGEN
gebruikt in de woordenschat

Nederlandse afkortingen

abn	-	als bijvoeglijk naamwoord
bijv.	-	bijvoorbeeld
bn	-	bijvoeglijk naamwoord
bw	-	bijwoord
enk.	-	enkelvoud
enz.	-	enzovoort
form.	-	formele taal
inform.	-	informele taal
mann.	-	mannelijk
mil.	-	militair
mv.	-	meervoud
on.ww.	-	onovergankelijk werkwoord
ontelb.	-	ontelbaar
ov.	-	over
ov.ww.	-	overgankelijk werkwoord
telb.	-	telbaar
vn	-	voornaamwoord
vrouw.	-	vrouwelijk
vw	-	voegwoord
vz	-	voorzetsel
wisk.	-	wiskunde
ww	-	werkwoord

Nederlandse artikelen

de	-	gemeenschappelijk geslacht
de/het	-	gemeenschappelijk geslacht, onzijdig
het	-	onzijdig

Italiaanse afkortingen

agg	-	bijvoeglijk naamwoord
f	-	vrouwelijk zelfstandig naamwoord
f pl	-	vrouwelijk meervoud
m	-	mannelijk zelfstandig naamwoord
m pl	-	mannelijk meervoud

m, f	-	mannelijk, vrouwelijk
pl	-	meervoud
v aus	-	hulp werkwoord
vi	-	onovergankelijk werkwoord
vi, vt	-	onovergankelijk, overgankelijk werkwoord
vr	-	reflexief werkwoord
vt	-	overgankelijk werkwoord

BASISBEGRIPPEN

1. Voornaamwoorden

ik	io	['io]
jij, je	tu	['tu]
hij	lui	['luj]
zij, ze	lei	['lej]
wij, we	noi	['noj]
jullie	voi	['voi]
zij, ze	loro, essi	['loro], ['essi]

2. Begroetingen. Begroetingen

Hallo! Dag!	Buongiorno!	[buon'dʒorno]
Hallo!	Salve!	['salve]
Goedemorgen!	Buongiorno!	[buon'dʒorno]
Goedemiddag!	Buon pomeriggio!	[bu'on pome'ridʒo]
Goedenavond!	Buonasera!	[buona'sera]
gedag zeggen (groeten)	salutare (vi)	[oalu'taro]
Hoi!	Ciao! Salve!	['tʃao], ['salve]
groeten (het)	saluto (m)	[sa'luto]
verwelkomen (ww)	salutare (vt)	[salu'tare]
Hoe gaat het?	Come va?	['kome 'va]
Is er nog nieuws?	Che c'è di nuovo?	[ke tʃe di nu'ovo]
Dag! Tot ziens!	Arrivederci!	[arrive'dertʃi]
Tot snel! Tot ziens!	A presto!	[a 'presto]
Vaarwel!	Addio!	[ad'dio]
afscheid nemen (ww)	congedarsi (vr)	[kondʒe'darsi]
Tot kijk!	Ciao!	['tʃao]
Dank u!	Grazie!	['gratsie]
Dank u wel!	Grazie mille!	['gratsie 'mille]
Graag gedaan	Prego	['prego]
Geen dank!	Non c'è di che!	[non tʃe di 'ke]
Geen moeite.	Di niente	[di 'njente]
Excuseer me, ... (inform.)	Scusa!	['skuza]
Excuseer me, ... (form.)	Scusi!	['skuzi]
excuseren (verontschuldigen)	scusare (vt)	[sku'zare]
zich verontschuldigen	scusarsi (vr)	[sku'zarsi]
Mijn excuses.	Chiedo scusa	['kjedo 'skuza]
Het spijt me!	Mi perdoni!	[mi per'doni]

vergeven (ww)	perdonare (vt)	[perdo'nare]
Maakt niet uit!	Non fa niente	[non fa 'njente]
alsjeblieft	per favore	[per fa'vore]

Vergeet het niet!	Non dimentichi!	[non di'mentiki]
Natuurlijk!	Certamente!	[tʃerta'mente]
Natuurlijk niet!	Certamente no!	[tʃerta'mente no]
Akkoord!	D'accordo!	[dak'kordo]
Zo is het genoeg!	Basta!	['basta]

3. Vragen

Wie?	Chi?	[ki]
Wat?	Che cosa?	[ke 'koza]
Waar?	Dove?	['dove]
Waarheen?	Dove?	['dove]
Waarvandaan?	Di dove?, Da dove?	[di 'dove], [da 'dove]

Wanneer?	Quando?	['kwando]
Waarom?	Perché?	[per'ke]
Waarom?	Perché?	[per'ke]

Waarvoor dan ook?	Per che cosa?	[per ke 'koza]
Hoe?	Come?	['kome]
Wat voor …?	Che?	[ke]
Welk?	Quale?	['kwale]

Aan wie?	A chi?	[a 'ki]
Over wie?	Di chi?	[di 'ki]
Waarover?	Di che cosa?	[di ke 'koza]
Met wie?	Con chi?	[kon 'ki]
Van wie? (mann.)	Di chi?	[di 'ki]

4. Voorzetsels

met (bijv. ~ beleg)	con	[kon]
zonder (~ accent)	senza	['sentsa]
naar (in de richting van)	a	[a]
over (praten ~)	di	[di]

| voor (in tijd) | prima di … | ['prima di] |
| voor (aan de voorkant) | di fronte a … | [di 'fronte a] |

onder (lager dan)	sotto	['sotto]
boven (hoger dan)	sopra	['sopra]
op (bovenop)	su	[su]

| van (uit, afkomstig van) | da, di | [da], [di] |
| van (gemaakt van) | di | [di] |

| over (bijv. ~ een uur) | fra … | [fra] |
| over (over de bovenkant) | attraverso | [attra'verso] |

5. Functiewoorden. Bijwoorden. Deel 1

Waar?	Dove?	['dove]
hier (bw)	qui	[kwi]
daar (bw)	lì	[li]
ergens (bw)	da qualche parte	[da 'kwalke 'parte]
nergens (bw)	da nessuna parte	[da nes'suna 'parte]
bij ... (in de buurt)	vicino a ...	[vi'tʃino a]
bij het raam	vicino alla finestra	[vi'tʃino 'alla fi'nestra]
Waarheen?	Dove?	['dove]
hierheen (bw)	di qui	[di kwi]
daarheen (bw)	ci	[tʃi]
hiervandaan (bw)	da qui	[da kwi]
daarvandaan (bw)	da lì	[da 'li]
dichtbij (bw)	vicino, accanto	[vi'tʃino], [a'kanto]
ver (bw)	lontano	[lon'tano]
in de buurt (van ...)	vicino a ...	[vi'tʃino a]
dichtbij (bw)	vicino	[vi'tʃino]
niet ver (bw)	non lontano	[non lon'tano]
linker (bn)	sinistro	[si'nistro]
links (bw)	a sinistra	[a si'nistra]
linksaf, naar links (bw)	a sinistra	[a si'nistra]
rechter (bn)	destro	['destro]
rechts (bw)	a destra	[a 'destra]
rechtsaf, naar rechts (bw)	a destra	[a 'destra]
vooraan (bw)	davanti	[da'vanti]
voorste (bn)	anteriore	[ante'rjore]
vooruit (bw)	avanti	[a'vanti]
achter (bw)	dietro	['djetro]
van achteren (bw)	da dietro	[da 'djetro]
achteruit (naar achteren)	indietro	[in'djetro]
midden (het)	mezzo (m), centro (m)	['meddzo], ['tʃentro]
in het midden (bw)	in mezzo, al centro	[in 'meddzo], [al 'tʃentro]
opzij (bw)	di fianco	[di 'fjanko]
overal (bw)	dappertutto	[dapper'tutto]
omheen (bw)	attorno	[at'torno]
binnenuit (bw)	da dentro	[da 'dentro]
naar ergens (bw)	da qualche parte	[da 'kwalke 'parte]
rechtdoor (bw)	dritto	['dritto]
terug (bijv. ~ komen)	indietro	[in'djetro]
ergens vandaan (bw)	da qualsiasi parte	[da kwal'siazi 'parte]
ergens vandaan (en dit geld moet ~ komen)	da qualche posto	[da 'kwalke 'posto]

13

ten eerste (bw)	in primo luogo	[in 'primo lu'ogo]
ten tweede (bw)	in secondo luogo	[in se'kondo lu'ogo]
ten derde (bw)	in terzo luogo	[in 'tertso lu'ogo]

plotseling (bw)	all'improvviso	[all improv'vizo]
in het begin (bw)	all'inizio	[all i'nitsio]
voor de eerste keer (bw)	per la prima volta	[per la 'prima 'volta]
lang voor ... (bw)	molto tempo prima di ...	['molto 'tempo 'prima di]
opnieuw (bw)	di nuovo	[di nu'ovo]
voor eeuwig (bw)	per sempre	[per 'sempre]

nooit (bw)	mai	[maj]
weer (bw)	ancora	[an'kora]
nu (bw)	adesso	[a'desso]
vaak (bw)	spesso	['spesso]
toen (bw)	allora	[al'lora]
urgent (bw)	urgentemente	[urdʒente'mente]
meestal (bw)	di solito	[di 'solito]

trouwens, ... (tussen haakjes)	a proposito, ...	[a pro'pozito]
mogelijk (bw)	è possibile	[e pos'sibile]
waarschijnlijk (bw)	probabilmente	[probabil'mente]
misschien (bw)	forse	['forse]
trouwens (bw)	inoltre ...	[i'noltre]
daarom ...	ecco perché ...	['ekko per'ke]
in weerwil van ...	nonostante	[nono'stante]
dankzij ...	grazie a ...	['gratsie a]

wat (vn)	che cosa	[ke 'koza]
dat (vw)	che	[ke]
iets (vn)	qualcosa	[kwal'koza]
iets	qualcosa	[kwal'koza]
niets (vn)	niente	['njente]

wie (~ is daar?)	chi	[ki]
iemand (een onbekende)	qualcuno	[kwal'kuno]
iemand (een bepaald persoon)	qualcuno	[kwal'kuno]

niemand (vn)	nessuno	[nes'suno]
nergens (bw)	da nessuna parte	[da nes'suna 'parte]
niemands (bn)	di nessuno	[di nes'suno]
iemands (bn)	di qualcuno	[di kwal'kuno]

zo (Ik ben ~ blij)	così	[ko'zi]
ook (evenals)	anche	['aŋke]
alsook (eveneens)	anche, pure	['aŋke], ['pure]

6. Functiewoorden. Bijwoorden. Deel 2

Waarom?	Perché?	[per'ke]
om een bepaalde reden	per qualche ragione	[per 'kwalke ra'dʒone]
omdat ...	perché ...	[per'ke]

voor een bepaald doel	per qualche motivo	[per 'kwalke mo'tivo]
en (vw)	e	[e]
of (vw)	o ...	[o]
maar (vw)	ma	[ma]
voor (vz)	per	[per]

te (~ veel mensen)	troppo	['troppo]
alleen (bw)	solo	['solo]
precies (bw)	esattamente	[ezatta'mente]
ongeveer (~ 10 kg)	circa	['ʧirka]

omstreeks (bw)	approssimativamente	[approsimativa'mente]
bij benadering (bn)	approssimativo	[approssima'tivo]
bijna (bw)	quasi	['kwazi]
rest (de)	resto (m)	['resto]

elk (bn)	ogni	['oɲi]
om het even welk	qualsiasi	[kwal'siazi]
veel mensen	molta gente	['molta 'ʤente]
iedereen (alle personen)	tutto, tutti	['tutto], ['tutti]

in ruil voor ...	in cambio di ...	[in 'kambio di]
in ruil (bw)	in cambio	[in 'kambio]
met de hand (bw)	a mano	[a 'mano]
onwaarschijnlijk (bw)	poco probabile	['poko pro'babile]

waarschijnlijk (bw)	probabilmente	[probabil'mente]
met opzet (bw)	apposta	[ap'posta]
toevallig (bw)	per caso	[per 'kazo]

zeer (bw)	molto	['molto]
bijvoorbeeld (bw)	per esempio	[per e'zempjo]
tussen (~ twee steden)	fra	[fra]
tussen (te midden van)	fra	[fra]
zoveel (bw)	tanto	['tanto]
vooral (bw)	soprattutto	[sopra'tutto]

GETALLEN. DIVERSEN

7. Kardinale getallen. Deel 1

nul	zero (m)	['dzero]
een	uno	['uno]
twee	due	['due]
drie	tre	['tre]
vier	quattro	['kwattro]
vijf	cinque	['ʧinkwe]
zes	sei	['sej]
zeven	sette	['sette]
acht	otto	['otto]
negen	nove	['nove]
tien	dieci	['djeʧi]
elf	undici	['unditʃi]
twaalf	dodici	['doditʃi]
dertien	tredici	['treditʃi]
veertien	quattordici	[kwat'torditʃi]
vijftien	quindici	['kwinditʃi]
zestien	sedici	['seditʃi]
zeventien	diciassette	[ditʃas'sette]
achttien	diciotto	[di'tʃotto]
negentien	diciannove	[ditʃan'nove]
twintig	venti	['venti]
eenentwintig	ventuno	[ven'tuno]
tweeëntwintig	ventidue	['venti 'due]
drieëntwintig	ventitre	['venti 'tre]
dertig	trenta	['trenta]
eenendertig	trentuno	[tren'tuno]
tweeëndertig	trentadue	[trenta 'due]
drieëndertig	trentatre	[trenta 'tre]
veertig	quaranta	[kwa'ranta]
eenenveertig	quarantuno	[kwa'rant'uno]
tweeënveertig	quarantadue	[kwa'ranta 'due]
drieënveertig	quarantatre	[kwa'ranta 'tre]
vijftig	cinquanta	[ʧin'kwanta]
eenenvijftig	cinquantuno	[ʧin'kwant'uno]
tweeënvijftig	cinquantadue	[ʧin'kwanta 'due]
drieënvijftig	cinquantatre	[ʧin'kwanta 'tre]
zestig	sessanta	[ses'santa]
eenenzestig	sessantuno	[sessan'tuno]

| tweeënzestig | sessantadue | [ses'santa 'due] |
| drieënzestig | sessantatre | [ses'santa 'tre] |

zeventig	settanta	[set'tanta]
eenenzeventig	settantuno	[settan'tuno]
tweeënzeventig	settantadue	[set'tanta 'due]
drieënzeventig	settantatre	[set'tanta 'tre]

tachtig	ottanta	[ot'tanta]
eenentachtig	ottantuno	[ottan'tuno]
tweeëntachtig	ottantadue	[ot'tanta 'due]
drieëntachtig	ottantatre	[ot'tanta 'tre]

negentig	novanta	[no'vanta]
eenennegentig	novantuno	[novan'tuno]
tweeënnegentig	novantadue	[no'vanta 'due]
drieënnegentig	novantatre	[no'vanta 'tre]

8. Kardinale getallen. Deel 2

honderd	cento	['ʧento]
tweehonderd	duecento	[due'ʧento]
driehonderd	trecento	[tre'ʧento]
vierhonderd	quattrocento	[kwattro'ʧento]
vijfhonderd	cinquecento	[ʧinkwe'ʧento]

zeshonderd	seicento	[sej'ʧento]
zevenhonderd	settecento	[sette'ʧento]
achthonderd	ottocento	[otto'ʧento]
negenhonderd	novecento	[nove'ʧento]

duizend	mille	['mille]
tweeduizend	duemila	[due'mila]
drieduizend	tremila	[tre'mila]
tienduizend	diecimila	['djeʧi 'mila]
honderdduizend	centomila	[ʧento'mila]
miljoen (het)	milione (m)	[mi'ljone]
miljard (het)	miliardo (m)	[mi'ljardo]

9. Ordinale getallen

eerste (bn)	primo	['primo]
tweede (bn)	secondo	[se'kondo]
derde (bn)	terzo	['tertso]
vierde (bn)	quarto	['kwarto]
vijfde (bn)	quinto	['kwinto]

zesde (bn)	sesto	['sesto]
zevende (bn)	settimo	['settimo]
achtste (bn)	ottavo	[ot'tavo]
negende (bn)	nono	['nono]
tiende (bn)	decimo	['deʧimo]

KLEUREN. MEETEENHEDEN

10. Kleuren

kleur (de)	colore (m)	[ko'lore]
tint (de)	sfumatura (f)	[sfuma'tura]
kleurnuance (de)	tono (m)	['tono]
regenboog (de)	arcobaleno (m)	[arkoba'leno]
wit (bn)	bianco	['bjanko]
zwart (bn)	nero	['nero]
grijs (bn)	grigio	['gridʒo]
groen (bn)	verde	['verde]
geel (bn)	giallo	['dʒallo]
rood (bn)	rosso	['rosso]
blauw (hn)	blu	['blu]
lichtblauw (bn)	azzurro	[ad'dzurro]
roze (bn)	rosa	['roza]
oranje (bn)	arancione	[aran'tʃone]
violet (bn)	violetto	[vio'letto]
bruin (bn)	marrone	[mar'rone]
goud (bn)	d'oro	['doro]
zilverkleurig (bn)	argenteo	[ar'dʒenteo]
beige (bn)	beige	[beʒ]
roomkleurig (bn)	color crema	[ko'lor 'krema]
turkoois (bn)	turchese	[tur'keze]
kersrood (bn)	rosso ciliegia (f)	['rosso tʃi'ljedʒa]
lila (bn)	lilla	['lilla]
karmijnrood (bn)	rosso lampone	['rosso lam'pone]
licht (bn)	chiaro	['kjaro]
donker (bn)	scuro	['skuro]
fel (bn)	vivo, vivido	['vivo], ['vivido]
kleur-, kleurig (bn)	colorato	[kolo'rato]
kleuren- (abn)	a colori	[a ko'lori]
zwart-wit (bn)	bianco e nero	['bjanko e 'nero]
eenkleurig (bn)	in tinta unita	[in 'tinta u'nita]
veelkleurig (bn)	multicolore	[multiko'lore]

11. Meeteenheden

gewicht (het)	peso (m)	['pezo]
lengte (de)	lunghezza (f)	[lun'gettsa]

breedte (de)	larghezza (f)	[lar'gettsa]
hoogte (de)	altezza (f)	[al'tettsa]
diepte (de)	profondità (f)	[profondi'ta]
volume (het)	volume (m)	[vo'lume]
oppervlakte (de)	area (f)	['area]

gram (het)	grammo (m)	['grammo]
milligram (het)	milligrammo (m)	[milli'grammo]
kilogram (het)	chilogrammo (m)	[kilo'grammo]
ton (duizend kilo)	tonnellata (f)	[tonnel'lata]
pond (het)	libbra (f)	['libbra]
ons (het)	oncia (f)	['ontʃa]

meter (de)	metro (m)	['metro]
millimeter (de)	millimetro (m)	[mil'limetro]
centimeter (de)	centimetro (m)	[ʧen'timetro]
kilometer (de)	chilometro (m)	[ki'lometro]
mijl (de)	miglio (m)	['miʎʎo]

duim (de)	pollice (m)	['polliʧe]
voet (de)	piede (f)	['pjede]
yard (de)	iarda (f)	[jarda]

| vierkante meter (de) | metro (m) quadro | ['metro 'kwadro] |
| hectare (de) | ettaro (m) | ['ettaro] |

liter (de)	litro (m)	['litro]
graad (de)	grado (m)	['grado]
volt (de)	volt (m)	[volt]
ampère (de)	ampere (m)	[am'pere]
paardenkracht (de)	cavallo vapore (m)	[ka'vallo va'pore]

hoeveelheid (de)	quantità (f)	[kwanti'ta]
een beetje ...	un po'di ...	[un po di]
helft (de)	metà (f)	[me'ta]
dozijn (het)	dozzina (f)	[dod'dzina]
stuk (het)	pezzo (m)	['pettso]

| afmeting (de) | dimensione (f) | [dimen'sjone] |
| schaal (bijv. ~ van 1 op 50) | scala (f) | ['skala] |

minimaal (bn)	minimo	['minimo]
minste (bn)	minore	[mi'nore]
medium (bn)	medio	['medio]
maximaal (bn)	massimo	['massimo]
grootste (bn)	maggiore	[ma'dʒore]

12. Containers

glazen pot (de)	barattolo (m) di vetro	[ba'rattolo di 'vetro]
blik (conserven~)	latta (f), lattina (f)	['latta], [lat'tina]
emmer (de)	secchio (m)	['sekkio]
ton (bijv. regenton)	barile (m), botte (f)	[ba'rile], ['botte]
ronde waterbak (de)	catino (m)	[ka'tino]

tank (bijv. watertank-70-ltr)	serbatoio (m)	[serba'tojo]
heupfles (de)	fiaschetta (f)	[fias'ketta]
jerrycan (de)	tanica (f)	['tanika]
tank (bijv. ketelwagen)	cisterna (f)	[tʃi'sterna]

beker (de)	tazza (f)	['tattsa]
kopje (het)	tazzina (f)	[tat'tsina]
schoteltje (het)	piattino (m)	[pjat'tino]
glas (het)	bicchiere (m)	[bik'kjere]
wijnglas (het)	calice (m)	['kalitʃe]
pan (de)	casseruola (f)	[kasseru'ola]

| fles (de) | bottiglia (f) | [bot'tiʎʎa] |
| flessenhals (de) | collo (m) | ['kollo] |

karaf (de)	caraffa (f)	[ka'raffa]
kruik (de)	brocca (f)	['brokka]
vat (het)	recipiente (m)	[retʃi'pjente]
pot (de)	vaso (m) di coccio	['vazo di 'kotʃo]
vaas (de)	vaso (m)	['vazo]

flacon (de)	boccetta (f)	[bo'tʃetta]
flesje (het)	fiala (f)	[fi'ala]
tube (bijv. ~ tandpasta)	tubetto (m)	[tu'betto]

zak (bijv. ~ aardappelen)	sacco (m)	['sakko]
tasje (het)	sacchetto (m)	[sak'ketto]
pakje (~ sigaretten, enz.)	pacchetto (m)	[pak'ketto]

doos (de)	scatola (f)	['skatola]
kist (de)	cassa (f)	['kassa]
mand (de)	cesta (f)	['tʃesta]

BELANGRIJKSTE WERKWOORDEN

13. De belangrijkste werkwoorden. Deel 1

aanbevelen (ww)	raccomandare (vt)	[rakkoman'dare]
aandringen (ww)	insistere (vi)	[in'sistere]
aankomen (per auto, enz.)	arrivare (vi)	[arri'vare]
aanraken (ww)	toccare (vt)	[tok'kare]
adviseren (ww)	consigliare (vt)	[konsiʎ'ʎare]
afdalen (on.ww.)	scendere (vi)	['ʃendere]
afslaan (naar rechts ~)	girare (vi)	[dʒi'rare]
antwoorden (ww)	rispondere (vi, vt)	[ris'pondere]
bang zijn (ww)	avere paura	[a'vere pa'ura]
bedreigen	minacciare (vt)	[mina'tʃare]
(bijv. met een pistool)		
bedriegen (ww)	ingannare (vt)	[ingan'nare]
beëindigen (ww)	finire (vt)	[fi'nire]
beginnen (ww)	cominciare (vt)	[komin'tʃare]
begrijpen (ww)	capire (vt)	[ka'pire]
beheren (managen)	dirigere (vt)	[di'ridʒere]
beledigen	insultare (vt)	[insul'tare]
(met scheldwoorden)		
beloven (ww)	promettere (vt)	[pro'mettere]
bereiden (koken)	cucinare (vi)	[kutʃi'nare]
bespreken (spreken over)	discutere (vt)	[di'skutere]
bestellen (eten ~)	ordinare (vt)	[ordi'nare]
bestraffen (een stout kind ~)	punire (vt)	[pu'nire]
betalen (ww)	pagare (vi, vt)	[pa'gare]
betekenen (beduiden)	significare (vt)	[siɲifi'kare]
betreuren (ww)	rincrescere (vi)	[rin'kreʃere]
bevallen (prettig vinden)	piacere (vi)	[pja'tʃere]
bevelen (mil.)	ordinare (vt)	[ordi'nare]
bevrijden (stad, enz.)	liberare (vt)	[libe'rare]
bewaren (ww)	conservare (vt)	[konser'vare]
bezitten (ww)	possedere (vt)	[posse'dere]
bidden (praten met God)	pregare (vi, vt)	[pre'gare]
binnengaan (een kamer ~)	entrare (vi)	[en'trare]
breken (ww)	rompere (vt)	['rompere]
controleren (ww)	controllare (vt)	[kontrol'lare]
creëren (ww)	creare (vt)	[kre'are]
deelnemen (ww)	partecipare (vi)	[partetʃi'pare]
denken (ww)	pensare (vi, vt)	[pen'sare]
doen (ww)	uccidere (vt)	[u'tʃidere]

doen (ww)	fare (vt)	['fare]
dorst hebben (ww)	avere sete	[a'vere 'sete]

14. De belangrijkste werkwoorden. Deel 2

een hint geven	dare un suggerimento	[dare un sudʒeri'mento]
eisen (met klem vragen)	esigere (vt)	[e'zidʒere]
excuseren (vergeven)	battaglia (f)	[bat'taʎʎa]
existeren (bestaan)	esistere (vi)	[e'zistere]
gaan (te voet)	andare (vi)	[an'dare]

gaan zitten (ww)	sedersi (vr)	[se'dersi]
gaan zwemmen	fare il bagno	['fare il 'baɲo]
geven (ww)	dare (vt)	['dare]
glimlachen (ww)	sorridere (vi)	[sor'ridere]
goed raden (ww)	indovinare (vt)	[indovi'nare]

grappen maken (ww)	scherzare (vi)	[sker'tsare]
graven (ww)	scavare (vt)	[ska'vare]
hebben (ww)	avere (vt)	[a'vere]
helpen (ww)	aiutare (vt)	[aju'tare]
herhalen (opnieuw zeggen)	ripetere (vt)	[ri'petere]
honger hebben (ww)	avere fame	[a'vere 'fame]

hopen (ww)	sperare (vi, vt)	[spe'rare]
horen	sentire (vt)	[sen'tire]
(waarnemen met het oor)		
huilen (wenen)	piangere (vi)	['pjandʒere]
huren (huis, kamer)	affittare (vt)	[affit'tare]
informeren (informatie geven)	informare (vt)	[infor'mare]
instemmen (akkoord gaan)	essere d'accordo	['essere dak'kordo]
jagen (ww)	cacciare (vt)	[ka'tʃare]
kennen (kennis hebben	conoscere	[ko'noʃere]
van iemand)		
kiezen (ww)	scegliere (vt)	['ʃeʎʎere]
klagen (ww)	lamentarsi (vr)	[lamen'tarsi]

kosten (ww)	costare (vt)	[ko'stare]
kunnen (ww)	potere (v aus)	[po'tere]
lachen (ww)	ridere (vi)	['ridere]
laten vallen (ww)	lasciar cadere	[la'ʃar ka'dere]
lezen (ww)	leggere (vi, vt)	['ledʒere]

liefhebben (ww)	amare qn	[a'mare]
lunchen (ww)	pranzare (vi)	[pran'tsare]
nemen (ww)	prendere (vt)	['prendere]
nodig zijn (ww)	occorrere	[ok'korrere]

15. De belangrijkste werkwoorden. Deel 3

onderschatten (ww)	sottovalutare (vt)	[sottovalu'tare]
ondertekenen (ww)	firmare (vt)	[fir'mare]

ontbijten (ww)	fare colazione	['fare kola'tsjone]
openen (ww)	aprire (vt)	[a'prire]
ophouden (ww)	cessare (vt)	[tʃes'sare]
opmerken (zien)	accorgersi (vr)	[ak'kordʒersi]

opscheppen (ww)	vantarsi (vr)	[van'tarsi]
opschrijven (ww)	annotare (vt)	[anno'tare]
plannen (ww)	pianificare (vt)	[pjanifi'kare]
prefereren (verkiezen)	preferire (vt)	[prefe'rire]
proberen (trachten)	tentare (vt)	[ten'tare]
redden (ww)	salvare (vt)	[sal'vare]

rekenen op ...	contare su ...	[kon'tare su]
rennen (ww)	correre (vi)	['korrere]
reserveren	riservare (vt)	[rizer'vare]
(een hotelkamer ~)		
roepen (om hulp)	chiamare (vt)	[kja'mare]
schieten (ww)	sparare (vi)	[spa'rare]
schreeuwen (ww)	gridare (vi)	[gri'dare]

schrijven (ww)	scrivere (vt)	['skrivere]
souperen (ww)	cenare (vi)	[tʃe'nare]
spelen (kinderen)	giocare (vi)	[dʒo'kare]
spreken (ww)	parlare (vi, vt)	[par'lare]
stelen (ww)	rubare (vt)	[ru'bare]
stoppen (pauzeren)	fermarsi (vr)	[fer'marsi]

studeren (Nederlands ~)	studiare (vt)	[stu'djare]
sturen (zenden)	mandare (vt)	[man'dare]
tellen (optellen)	contare (vt)	[kon'tare]
toebehoren aan	appartenere (vi)	[apparte'nere]
toestaan (ww)	permettere (vt)	[per'mettere]
tonen (ww)	mostrare (vt)	[mo'strare]

twijfelen (onzeker zijn)	dubitare (vi)	[dubi'tare]
uitgaan (ww)	uscire (vi)	[u'ʃire]
uitnodigen (ww)	invitare (vt)	[invi'tare]
uitspreken (ww)	pronunciare (vt)	[pronun'tʃare]
uitvaren tegen (ww)	sgridare (vt)	[zgri'dare]

16. De belangrijkste werkwoorden. Deel 4

vallen (ww)	cadere (vi)	[ka'dere]
vangen (ww)	afferrare (vt)	[affer'rare]
veranderen (anders maken)	cambiare (vt)	[kam'bjare]
verbaasd zijn (ww)	stupirsi (vr)	[stu'pirsi]
verbergen (ww)	nascondere (vt)	[na'skondere]

verdedigen (je land ~)	difendere (vt)	[di'fendere]
verenigen (ww)	unire (vt)	[u'nire]
vergelijken (ww)	comparare (vt)	[kompa'rare]
vergeten (ww)	dimenticare (vt)	[dimenti'kare]
vergeven (ww)	perdonare (vt)	[perdo'nare]
verklaren (uitleggen)	spiegare (vt)	[spje'gare]

verkopen (per stuk ~)	vendere (vt)	['vendere]
vermelden (praten over)	menzionare (vt)	[mentsjo'nare]
versieren (decoreren)	decorare (vt)	[deko'rare]
vertalen (ww)	tradurre (vt)	[tra'durre]

vertrouwen (ww)	fidarsi (vr)	[fi'darsi]
vervolgen (ww)	continuare (vt)	[kontinu'are]
verwarren (met elkaar ~)	confondere (vt)	[kon'fondere]
verzoeken (ww)	chiedere, domandare	['kjedere], [doman'dare]
verzuimen (school, enz.)	mancare le lezioni	[man'kare le le'tsjoni]

vinden (ww)	trovare (vt)	[tro'vare]
vliegen (ww)	volare (vi)	[vo'lare]
volgen (ww)	seguire (vt)	[se'gwire]
voorstellen (ww)	proporre (vt)	[pro'porre]
voorzien (verwachten)	prevedere (vt)	[preve'dere]
vragen (ww)	chiedere, domandare	['kjedere], [doman'dare]

waarnemen (ww)	osservare (vt)	[osser'vare]
waarschuwen (ww)	avvertire (vt)	[avver'tire]
wachten (ww)	aspettare (vt)	[aspet'tare]
weerspreken (ww)	obiettare (vt)	[objet'tare]
weigeren (ww)	rifiutarsi (vr)	[rifju'tarsi]

werken (ww)	lavorare (vi)	[lavo'rare]
weten (ww)	sapere (vt)	[sa'pere]
willen (verlangen)	volere (vt)	[vo'lere]
zeggen (ww)	dire (vt)	['dire]
zich haasten (ww)	avere fretta	[a'vere 'fretta]

zich interesseren voor ...	interessarsi di ...	[interes'sarsi di]
zich vergissen (ww)	sbagliare (vi)	[zbaʎ'ʎare]
zich verontschuldigen	scusarsi (vr)	[sku'zarsi]
zien (ww)	vedere (vt)	[ve'dere]

zijn (ww)	essere (vi)	['essere]
zoeken (ww)	cercare (vt)	[tʃer'kare]
zwemmen (ww)	nuotare (vi)	[nuo'tare]
zwijgen (ww)	tacere (vi)	[ta'tʃere]

TIJD. KALENDER

17. Dagen van de week

maandag (de)	lunedì (m)	[lune'di]
dinsdag (de)	martedì (m)	[marte'di]
woensdag (de)	mercoledì (m)	[merkole'di]
donderdag (de)	giovedì (m)	[dʒove'di]
vrijdag (de)	venerdì (m)	[vener'di]
zaterdag (de)	sabato (m)	['sabato]
zondag (de)	domenica (f)	[do'menika]

vandaag (bw)	oggi	['odʒi]
morgen (bw)	domani	[do'mani]
overmorgen (bw)	dopodomani	[dopodo'mani]
gisteren (bw)	ieri	['jeri]
eergisteren (bw)	l'altro ieri	['laltro 'jeri]

dag (de)	giorno (m)	['dʒorno]
werkdag (de)	giorno (m) lavorativo	['dʒorno lavora'tivo]
feestdag (de)	giorno (m) festivo	['dʒorno fes'tivo]
verlofdag (de)	giorno (m) di riposo	['dʒorno di ri'pozo]
weekend (het)	fine (m) settimana	['fine setti'mana]

de hele dag (Lw)	tutto il giorno	['tutto il 'dʒorno]
de volgende dag (bw)	l'indomani	[lindo'mani]
twee dagen geleden	due giorni fa	['due 'dʒorni fa]
aan de vooravond (bw)	il giorno prima	[il 'dʒorno 'prima]
dag-, dagelijks (bn)	quotidiano	[kwoti'djano]
elke dag (bw)	ogni giorno	['oɲi 'dʒorno]

week (de)	settimana (f)	[setti'mana]
vorige week (bw)	la settimana scorsa	[la setti'mana 'skorsa]
volgende week (bw)	la settimana prossima	[la setti'mana 'prossima]
wekelijks (bn)	settimanale	[settima'nale]
elke week (bw)	ogni settimana	['oɲi setti'mana]
twee keer per week	due volte alla settimana	['due 'volte 'alla setti'mana]
elke dinsdag	ogni martedì	['oɲi marte'di]

18. Uren. Dag en nacht

morgen (de)	mattina (f)	[mat'tina]
's morgens (bw)	di mattina	[di mat'tina]
middag (de)	mezzogiorno (m)	[meddzo'dʒorno]
's middags (bw)	nel pomeriggio	[nel pome'ridʒo]

avond (de)	sera (f)	['sera]
's avonds (bw)	di sera	[di 'sera]

nacht (de)	**notte** (f)	['notte]
's nachts (bw)	**di notte**	[di 'notte]
middernacht (de)	**mezzanotte** (f)	[medʣa'notte]
seconde (de)	**secondo** (m)	[se'kondo]
minuut (de)	**minuto** (m)	[mi'nuto]
uur (het)	**ora** (f)	['ora]
halfuur (het)	**mezzora** (f)	[med'ʣora]
kwartier (het)	**un quarto d'ora**	[un 'kwarto 'dora]
vijftien minuten	**quindici minuti**	['kwinditʃi mi'nuti]
etmaal (het)	**ventiquattro ore**	[venti'kwattro 'ore]
zonsopgang (de)	**levata** (f) **del sole**	[le'vata del 'sole]
dageraad (de)	**alba** (f)	['alba]
vroege morgen (de)	**mattutino** (m)	[mattu'tino]
zonsondergang (de)	**tramonto** (m)	[tra'monto]
's morgens vroeg (bw)	**di buon mattino**	[di bu'on mat'tino]
vanmorgen (bw)	**stamattina**	[stamat'tina]
morgenochtend (bw)	**domattina**	[domat'tina]
vanmiddag (bw)	**oggi pomeriggio**	['oʤi pome'riʤo]
's middags (bw)	**nel pomeriggio**	[nel pome'riʤo]
morgenmiddag (bw)	**domani pomeriggio**	[do'mani pome'riʤo]
vanavond (bw)	**stasera**	[sta'sera]
morgenavond (bw)	**domani sera**	[do'mani 'sera]
klokslag drie uur	**alle tre precise**	['alle tre pre'tʃize]
ongeveer vier uur	**verso le quattro**	['verso le 'kwattro]
tegen twaalf uur	**per le dodici**	[per le 'doditʃi]
over twintig minuten	**fra venti minuti**	[fra 'venti mi'nuti]
over een uur	**fra un'ora**	[fra un 'ora]
op tijd (bw)	**puntualmente**	[puntual'mente]
kwart voor ...	**un quarto di ...**	[un 'kwarto di]
binnen een uur	**entro un'ora**	['entro un 'ora]
elk kwartier	**ogni quindici minuti**	['oɲi 'kwinditʃi mi'nuti]
de klok rond	**giorno e notte**	['ʤorno e 'notte]

19. Maanden. Seizoenen

januari (de)	**gennaio** (m)	[ʤen'najo]
februari (de)	**febbraio** (m)	[feb'brajo]
maart (de)	**marzo** (m)	['martso]
april (de)	**aprile** (m)	[a'prile]
mei (de)	**maggio** (m)	['maʤo]
juni (de)	**giugno** (m)	['ʤuɲo]
juli (de)	**luglio** (m)	['luʎʎo]
augustus (de)	**agosto** (m)	[a'gosto]
september (de)	**settembre** (m)	[set'tembre]
oktober (de)	**ottobre** (m)	[ot'tobre]

november (de)	novembre (m)	[no'vembre]
december (de)	dicembre (m)	[di'tʃembre]
lente (de)	primavera (f)	[prima'vera]
in de lente (bw)	in primavera	[in prima'vera]
lente- (abn)	primaverile	[primave'rile]
zomer (de)	estate (f)	[e'state]
in de zomer (bw)	in estate	[in e'state]
zomer-, zomers (bn)	estivo	[e'stivo]
herfst (de)	autunno (m)	[au'tunno]
in de herfst (bw)	in autunno	[in au'tunno]
herfst- (abn)	autunnale	[autun'nale]
winter (de)	inverno (m)	[in'verno]
in de winter (bw)	in inverno	[in in'verno]
winter- (abn)	invernale	[inver'nale]
maand (de)	mese (m)	['meze]
deze maand (bw)	questo mese	['kwesto 'meze]
volgende maand (bw)	il mese prossimo	[il 'meze 'prossimo]
vorige maand (bw)	il mese scorso	[il 'meze 'skorso]
een maand geleden (bw)	un mese fa	[un 'meze fa]
over een maand (bw)	fra un mese	[fra un 'meze]
over twee maanden (bw)	fra due mesi	[fra 'due 'mezi]
de hele maand (bw)	un mese intero	[un 'meze in'tero]
een volle maand (bw)	per tutto il mese	[per 'tutto il 'meze]
maand-, maandelijks (bn)	mensile	[men'sile]
maandelijks (bw)	mensilmente	[mensil'mente]
elke maand (bw)	ogni mese	['oɲi 'meze]
twee keer per maand	due volte al mese	['due 'volte al 'meze]
jaar (het)	anno (m)	['anno]
dit jaar (bw)	quest'anno	[kwest'anno]
volgend jaar (bw)	l'anno prossimo	['lanno 'prossimo]
vorig jaar (bw)	l'anno scorso	['lanno 'skorso]
een jaar geleden (bw)	un anno fa	[un 'anno fa]
over een jaar	fra un anno	[fra un 'anno]
over twee jaar	fra due anni	[fra 'due 'anni]
het hele jaar	un anno intero	[un 'anno in'tero]
een vol jaar	per tutto l'anno	[per 'tutto 'lanno]
elk jaar	ogni anno	['oɲi 'anno]
jaar-, jaarlijks (bn)	annuale	[annu'ale]
jaarlijks (bw)	annualmente	[annual'mente]
4 keer per jaar	quattro volte all'anno	['kwattro 'volte all 'anno]
datum (de)	data (f)	['data]
datum (de)	data (f)	['data]
kalender (de)	calendario (m)	[kalen'dario]
een half jaar	mezz'anno (m)	[med'dzanno]
zes maanden	semestre (m)	[se'mestre]

seizoen (bijv. lente, zomer)	**stagione** (f)	[sta'dʒone]
eeuw (de)	**secolo** (m)	['sekolo]

REIZEN. HOTEL

20. Trip. Reizen

toerisme (het)	turismo (m)	[tu'rizmo]
toerist (de)	turista (m)	[tu'rista]
reis (de)	viaggio (m)	['vjadʒo]
avontuur (het)	avventura (f)	[avven'tura]
tocht (de)	viaggio (m)	['vjadʒo]
vakantie (de)	vacanza (f)	[va'kantsa]
met vakantie zijn	essere in vacanza	['essere in va'kantsa]
rust (de)	riposo (m)	[ri'pozo]
trein (de)	treno (m)	['treno]
met de trein	in treno	[in 'treno]
vliegtuig (het)	aereo (m)	[a'ereo]
met het vliegtuig	in aereo	[in a'ereo]
met de auto	in macchina	[in 'makkina]
per schip (bw)	in nave	[in 'nave]
bagage (de)	bagaglio (m)	[ba'gaʎʎo]
valies (de)	valigia (f)	[va'lidʒa]
bagagekarretje (het)	carrello (m)	[kar'rello]
paspoort (het)	passaporto (m)	[passa'porto]
visum (het)	visto (m)	['visto]
kaartje (het)	biglietto (m)	[biʎ'ʎetto]
vliegticket (het)	biglietto (m) aereo	[biʎ'ʎetto a'ereo]
reisgids (de)	guida (f)	['gwida]
kaart (de)	carta (f) geografica	['karta dʒeo'grafika]
gebied (landelijk ~)	località (f)	[lokali'ta]
plaats (de)	luogo (m)	[lu'ogo]
exotische bestemming (de)	ogetti (m pl) esotici	[o'dʒetti e'zotitʃi]
exotisch (bn)	esotico	[e'zotiko]
verwonderlijk (bn)	sorprendente	[sorpren'dente]
groep (de)	gruppo (m)	['gruppo]
rondleiding (de)	escursione (f)	[eskur'sjone]
gids (de)	guida (f)	['gwida]

21. Hotel

hotel (het)	albergo, hotel (m)	[al'bergo], [o'tel]
motel (het)	motel (m)	[mo'tel]
3-sterren	tre stelle	[tre 'stelle]

5-sterren	cinque stelle	['tʃinkwe 'stelle]
overnachten (ww)	alloggiare (vi)	[allo'dʒare]
kamer (de)	camera (f)	['kamera]
eenpersoonskamer (de)	camera (f) singola	['kamera 'singola]
tweepersoonskamer (de)	camera (f) doppia	['kamera 'doppia]
een kamer reserveren	prenotare una camera	[preno'tare 'una 'kamera]
halfpension (het)	mezza pensione (f)	['meddza pen'sjone]
volpension (het)	pensione (f) completa	[pen'sjone kom'pleta]
met badkamer	con bagno	[kon 'baɲo]
met douche	con doccia	[kon 'dotʃa]
satelliet-tv (de)	televisione (f) satellitare	[televi'zjone satelli'tare]
airconditioner (de)	condizionatore (m)	[konditsiona'tore]
handdoek (de)	asciugamano (m)	[aʃuga'mano]
sleutel (de)	chiave (f)	['kjave]
administrateur (de)	amministratore (m)	[amministra'tore]
kamermeisje (het)	cameriera (f)	[kame'rjera]
piccolo (de)	portabagagli (m)	[porta·ba'gaʎʎi]
portier (de)	portiere (m)	[por'tjere]
restaurant (het)	ristorante (m)	[risto'rante]
bar (de)	bar (m)	[bar]
ontbijt (het)	colazione (f)	[kola'tsjone]
avondeten (het)	cena (f)	['tʃena]
buffet (het)	buffet (m)	[buf'fe]
hal (de)	hall (f)	[oll]
lift (de)	ascensore (m)	[aʃen'sore]
NIET STOREN	NON DISTURBARE	[non distur'bare]
VERBODEN TE ROKEN!	VIETATO FUMARE!	[vje'tato fu'mare]

22. Bezienswaardigheden

monument (het)	monumento (m)	[monu'mento]
vesting (de)	fortezza (f)	[for'tettsa]
paleis (het)	palazzo (m)	[pa'lattso]
kasteel (het)	castello (m)	[ka'stello]
toren (de)	torre (f)	['torre]
mausoleum (het)	mausoleo (m)	[mauzo'leo]
architectuur (de)	architettura (f)	[arkitet'tura]
middeleeuws (bn)	medievale	[medje'vale]
oud (bn)	antico	[an'tiko]
nationaal (bn)	nazionale	[natsio'nale]
bekend (bn)	famoso	[fa'mozo]
toerist (de)	turista (m)	[tu'rista]
gids (de)	guida (f)	['gwida]
rondleiding (de)	escursione (f)	[eskur'sjone]
tonen (ww)	fare vedere	['fare ve'dere]

vertellen (ww)	raccontare (vt)	[rakkon'tare]
vinden (ww)	trovare (vt)	[tro'vare]
verdwalen (de weg kwijt zijn)	perdersi (vr)	['perdersi]
plattegrond (~ van de metro)	mappa (f)	['mappa]
plattegrond (~ van de stad)	piantina (f)	[pjan'tina]
souvenir (het)	souvenir (m)	[suve'nir]
souvenirwinkel (de)	negozio (m) di articoli da regalo	[ne'gotsio di ar'tikoli da re'galo]
foto's maken	fare foto	['fare 'foto]
zich laten fotograferen	fotografarsi	[fotogra'farsi]

VERVOER

23. Vliegveld

luchthaven (de)	aeroporto (m)	[aero'porto]
vliegtuig (het)	aereo (m)	[a'ereo]
luchtvaartmaatschappij (de)	compagnia (f) aerea	[kompa'ɲia a'erea]
luchtverkeersleider (de)	controllore (m) di volo	[kontrol'lore di 'volo]
vertrek (het)	partenza (f)	[par'tentsa]
aankomst (de)	arrivo (m)	[ar'rivo]
aankomen (per vliegtuig)	arrivare (vi)	[arri'vare]
vertrektijd (de)	ora (f) di partenza	['ora di par'tentsa]
aankomstuur (het)	ora (f) di arrivo	['ora di ar'rivo]
vertraagd zijn (ww)	essere ritardato	['essere ritar'dato]
vluchtvertraging (de)	volo (m) ritardato	['volo ritar'dato]
informatiebord (het)	tabellone (m) orari	[tabel'lone o'rari]
informatie (de)	informazione (f)	[informa'tsjone]
aankondigen (ww)	annunciare (vt)	[annun'tʃare]
vlucht (bijv. KLM ~)	volo (m)	['volo]
douane (de)	dogana (f)	[do'gana]
douanier (de)	doganiere (m)	[doga'njere]
douaneaangifte (de)	dichiarazione (f)	[dikjara'tsjone]
een douaneaangifte invullen	riempire una dichiarazione	[riem'pire 'una dikjara'tsjone]
paspoortcontrole (de)	controllo (m) passaporti	[kon'trollo passa'porti]
bagage (de)	bagaglio (m)	[ba'gaʎʎo]
handbagage (de)	bagaglio (m) a mano	[ba'gaʎʎo a 'mano]
bagagekarretje (het)	carrello (m)	[kar'rello]
landing (de)	atterraggio (m)	[atter'radʒo]
landingsbaan (de)	pista (f) di atterraggio	['pista di atter'radʒo]
landen (ww)	atterrare (vi)	[atter'rare]
vliegtuigtrap (de)	scaletta (f) dell'aereo	[ska'letta dell a'ereo]
inchecken (het)	check-in (m)	[tʃek-in]
incheckbalie (de)	banco (m) del check-in	['banko del tʃek-in]
inchecken (ww)	fare il check-in	['fare il tʃek-in]
instapkaart (de)	carta (f) d'imbarco	['karta dim'barko]
gate (de)	porta (f) d'imbarco	['porta dim'barko]
transit (de)	transito (m)	['tranzito]
wachten (ww)	aspettare (vt)	[aspet'tare]
wachtzaal (de)	sala (f) d'attesa	['sala dat'teza]
begeleiden (uitwuiven)	accompagnare (vt)	[akkompa'ɲare]
afscheid nemen (ww)	congedarsi (vr)	[kondʒe'darsi]

24. Vliegtuig

vliegtuig (het)	aereo (m)	[a'ereo]
vliegticket (het)	biglietto (m) aereo	[biʎ'ʎetto a'ereo]
luchtvaartmaatschappij (de)	compagnia (f) aerea	[kompa'ɲia a'erea]
luchthaven (de)	aeroporto (m)	[aero'porto]
supersonisch (bn)	supersonico	[super'soniko]
gezagvoerder (de)	comandante (m)	[koman'dante]
bemanning (de)	equipaggio (m)	[ekwi'padʒo]
piloot (de)	pilota (m)	[pi'lota]
stewardess (de)	hostess (f)	['ostess]
stuurman (de)	navigatore (m)	[naviga'tore]
vleugels (mv.)	ali (f pl)	['ali]
staart (de)	coda (f)	['koda]
cabine (de)	cabina (f)	[ka'bina]
motor (de)	motore (m)	[mo'tore]
landingsgestel (het)	carrello (m) d'atterraggio	[kar'rello datter'radʒo]
turbine (de)	turbina (f)	[tur'bina]
propeller (de)	elica (f)	['elika]
zwarte doos (de)	scatola (f) nera	['skatola 'nera]
stuur (het)	barra (f) di comando	['barra di ko'mando]
brandstof (de)	combustibile (m)	[kombu'stibile]
veiligheidskaart (de)	safety card (f)	['sejfti kard]
zuurstofmasker (het)	maschera (f) ad ossigeno	['maskera ad os'sidʒeno]
uniform (het)	uniforme (f)	[uni'forme]
reddingsvest (de)	giubbotto (m) di salvataggio	[dʒuh'botto di salva'tadʒo]
parachute (de)	paracadute (m)	[paraka'dute]
opstijgen (het)	decollo (m)	[de'kollo]
opstijgen (ww)	decollare (vi)	[dekol'lare]
startbaan (de)	pista (f) di decollo	['pista di de'kollo]
zicht (het)	visibilità (f)	[vizibili'ta]
vlucht (de)	volo (m)	['volo]
hoogte (de)	altitudine (f)	[alti'tudine]
luchtzak (de)	vuoto (m) d'aria	[vu'oto 'daria]
plaats (de)	posto (m)	['posto]
koptelefoon (de)	cuffia (f)	['kuffia]
tafeltje (het)	tavolinetto (m) pieghevole	[tavoli'netto pje'gevole]
venster (het)	oblò (m), finestrino (m)	[ob'lo], [fine'strino]
gangpad (het)	corridoio (m)	[korri'dojo]

25. Trein

trein (de)	treno (m)	['treno]
elektrische trein (de)	elettrotreno (m)	[elettro'treno]
sneltrein (de)	treno (m) rapido	['treno 'rapido]
diesellocomotief (de)	locomotiva (f) diesel	[lokomo'tiva 'dizel]

stoomlocomotief (de)	locomotiva (f) a vapore	[lokomo'tiva a va'pore]
rijtuig (het)	carrozza (f)	[kar'rottsa]
restauratierijtuig (het)	vagone (m) ristorante	[va'gone risto'rante]

rails (mv.)	rotaie (f pl)	[ro'taje]
spoorweg (de)	ferrovia (f)	[ferro'via]
dwarsligger (de)	traversa (f)	[tra'versa]

perron (het)	banchina (f)	[baŋ'kina]
spoor (het)	binario (m)	[bi'nario]
semafoor (de)	semaforo (m)	[se'maforo]
halte (bijv. kleine treinhalte)	stazione (f)	[sta'tsjone]

machinist (de)	macchinista (m)	[makki'nista]
kruier (de)	portabagagli (m)	[porta·ba'gaʎʎi]
conducteur (de)	cuccettista (m, f)	[kutʃet'tista]
passagier (de)	passeggero (m)	[passe'dʒero]
controleur (de)	controllore (m)	[kontrol'lore]

| gang (in een trein) | corridoio (m) | [korri'dojo] |
| noodrem (de) | freno (m) di emergenza | ['freno di emer'dʒentsa] |

coupé (de)	scompartimento (m)	[skomparti'mento]
bed (slaapplaats)	cuccetta (f)	[ku'tʃetta]
bovenste bed (het)	cuccetta (f) superiore	[ku'tʃetta supe'rjore]
onderste bed (het)	cuccetta (f) inferiore	[ku'tʃetta infe'rjore]
beddengoed (het)	biancheria (f) da letto	[bjanke'ria da 'letto]

kaartje (het)	biglietto (m)	[biʎ'ʎetto]
dienstregeling (de)	orario (m)	[o'rario]
informatiebord (het)	tabellone (m) orari	[tabel'lone o'rari]

vertrekken (De trein vertrekt ...)	partire (vi)	[par'tire]
vertrek (ov. een trein)	partenza (f)	[par'tentsa]
aankomen (ov. de treinen)	arrivare (vi)	[arri'vare]
aankomst (de)	arrivo (m)	[ar'rivo]

aankomen per trein	arrivare con il treno	[arri'vare kon il 'treno]
in de trein stappen	salire sul treno	[sa'lire sul 'treno]
uit de trein stappen	scendere dal treno	['ʃendere dal 'treno]

| treinwrak (het) | deragliamento (m) | [deraʎʎa'mento] |
| ontspoord zijn | deragliare (vi) | [deraʎ'ʎare] |

stoomlocomotief (de)	locomotiva (f) a vapore	[lokomo'tiva a va'pore]
stoker (de)	fuochista (m)	[fo'kista]
stookplaats (de)	forno (m)	['forno]
steenkool (de)	carbone (m)	[kar'bone]

26. Schip

| schip (het) | nave (f) | ['nave] |
| vaartuig (het) | imbarcazione (f) | [imbarka'tsjone] |

stoomboot (de)	piroscafo (m)	[pi'roskafo]
motorschip (het)	barca (f) fluviale	['barka flu'vjale]
lijnschip (het)	transatlantico (m)	[transat'lantiko]
kruiser (de)	incrociatore (m)	[inkrotʃa'tore]
jacht (het)	yacht (m)	[jot]
sleepboot (de)	rimorchiatore (m)	[rimorkja'tore]
duwbak (de)	chiatta (f)	['kjatta]
ferryboot (de)	traghetto (m)	[tra'getto]
zeilboot (de)	veliero (m)	[ve'ljero]
brigantijn (de)	brigantino (m)	[brigan'tino]
ijsbreker (de)	rompighiaccio (m)	[rompi'gjatʃo]
duikboot (de)	sottomarino (m)	[sottoma'rino]
boot (de)	barca (f)	['barka]
sloep (de)	scialuppa (f)	[ʃa'luppa]
reddingssloep (de)	scialuppa (f) di salvataggio	[ʃa'luppa di salva'tadʒo]
motorboot (de)	motoscafo (m)	[moto'skafo]
kapitein (de)	capitano (m)	[kapi'tano]
zeeman (de)	marittimo (m)	[ma'rittimo]
matroos (de)	marinaio (m)	[mari'najo]
bemanning (de)	equipaggio (m)	[ekwi'padʒo]
bootsman (de)	nostromo (m)	[no'stromo]
scheepsjongen (de)	mozzo (m) di nave	['mottso di 'nave]
kok (de)	cuoco (m)	[ku'oko]
scheepsarts (de)	medico (m) di bordo	['mediko di 'bordo]
dek (het)	ponte (m)	['ponte]
mast (de)	albero (m)	['albero]
zeil (het)	vela (f)	['vela]
ruim (het)	stiva (f)	['stiva]
voorsteven (de)	prua (f)	['prua]
achtersteven (de)	poppa (f)	['poppa]
roeispaan (de)	remo (m)	['remo]
schroef (de)	elica (f)	['elika]
kajuit (de)	cabina (f)	[ka'bina]
officierskamer (de)	quadrato (m) degli ufficiali	[kwa'drato 'deʎʎi uffi'tʃali]
machinekamer (de)	sala (f) macchine	['sala 'makkine]
brug (de)	ponte (m) di comando	['ponte di ko'mando]
radiokamer (de)	cabina (f) radiotelegrafica	[ka'bina radiotele'grafika]
radiogolf (de)	onda (f)	['onda]
logboek (het)	giornale (m) di bordo	[dʒor'nale di 'bordo]
verrekijker (de)	cannocchiale (m)	[kannok'kjale]
klok (de)	campana (f)	[kam'pana]
vlag (de)	bandiera (f)	[ban'djera]
kabel (de)	cavo (m) d'ormeggio	['kavo dor'medʒo]
knoop (de)	nodo (m)	['nodo]
leuning (de)	ringhiera (f)	[rin'gjera]

trap (de)	passerella (f)	[passe'rella]
anker (het)	ancora (f)	['ankora]
het anker lichten	levare l'ancora	[le'vare 'lankora]
het anker neerlaten	gettare l'ancora	[dʒet'tare 'lankora]
ankerketting (de)	catena (f) dell'ancora	[ka'tena dell 'ankora]

haven (bijv. containerhaven)	porto (m)	['porto]
kaai (de)	banchina (f)	[baŋ'kina]
aanleggen (ww)	ormeggiarsi (vr)	[orme'dʒarsi]
wegvaren (ww)	salpare (vi)	[sal'pare]

reis (de)	viaggio (m)	['vjadʒo]
cruise (de)	crociera (f)	[kro'tʃera]
koers (de)	rotta (f)	['rotta]
route (de)	itinerario (m)	[itine'rario]

vaarwater (het)	tratto (m) navigabile	['tratto navi'gabile]
zandbank (de)	secca (f)	['sekka]
stranden (ww)	arenarsi (vr)	[are'narsi]

storm (de)	tempesta (f)	[tem'pesta]
signaal (het)	segnale (m)	[se'ɲale]
zinken (ov. een boot)	affondare (vi)	[affon'dare]
Man overboord!	Uomo in mare!	[u'omo in 'mare]
SOS (noodsignaal)	SOS	['esse o 'esse]
reddingsboei (de)	salvagente (m) anulare	[salva'dʒente anu'lare]

STAD

27. Stedelijk vervoer

bus, autobus (de)	autobus (m)	['autobus]
tram (de)	tram (m)	[tram]
trolleybus (de)	filobus (m)	['filobus]
route (de)	itinerario (m)	[itine'rario]
nummer (busnummer, enz.)	numero (m)	['numero]
rijden met ...	andare in ...	[an'dare in]
stappen (in de bus ~)	salire su ...	[sa'lire su]
afstappen (ww)	scendere da ...	['ʃendere da]
halte (de)	fermata (f)	[fer'mata]
volgende halte (de)	prossima fermata (f)	['prossima fer'mata]
eindpunt (het)	capolinea (m)	[kapo'linea]
dienstregeling (de)	orario (m)	[o'rario]
wachten (ww)	aspettare (vt)	[aspet'tare]
kaartje (het)	biglietto (m)	[biʎ'ʎetto]
reiskosten (de)	prezzo (m) del biglietto	['prettso del biʎ'ʎetto]
kassier (de)	cassiere (m)	[kas'sjere]
kaartcontrole (de)	controllo (m) dei biglietti	[kon'trollo dei biʎ'ʎell]
controleur (de)	bigliettaiо (m)	[biʎʎet'tajo]
te laat zijn (ww)	essere in ritardo	['essere in ri'tardo]
missen (de bus ~)	perdere (vt)	['perdere]
zich haasten (ww)	avere fretta	[a'vere 'fretta]
taxi (de)	taxi (m)	['taksi]
taxichauffeur (de)	taxista (m)	[ta'ksista]
met de taxi (bw)	in taxi	[in 'taksi]
taxistandplaats (de)	parcheggio (m) di taxi	[par'kedʒo di 'taksi]
een taxi bestellen	chiamare un taxi	[kja'mare un 'taksi]
een taxi nemen	prendere un taxi	['prendere un 'taksi]
verkeer (het)	traffico (m)	['traffiko]
file (de)	ingorgo (m)	[in'gorgo]
spitsuur (het)	ore (f pl) di punta	['ore di 'punta]
parkeren (on.ww.)	parcheggiarsi (vr)	[parke'dʒarsi]
parkeren (ov.ww.)	parcheggiare (vt)	[parke'dʒare]
parking (de)	parcheggio (m)	[par'kedʒo]
metro (de)	metropolitana (f)	[metropoli'tana]
halte (bijv. kleine treinhalte)	stazione (f)	[sta'tsjone]
de metro nemen	prendere la metropolitana	['prendere la metropoli'tana]
trein (de)	treno (m)	['treno]
station (treinstation)	stazione (f) ferroviaria	[sta'tsjone ferro'vjaria]

28. Stad. Het leven in de stad

stad (de)	città (f)	[ʧit'ta]
hoofdstad (de)	capitale (f)	[kapi'tale]
dorp (het)	villaggio (m)	[vil'ladʒo]
plattegrond (de)	mappa (f) della città	['mappa 'della ʧit'ta]
centrum (ov. een stad)	centro (m) della città	['ʧentro 'della ʧit'ta]
voorstad (de)	sobborgo (m)	[sob'borgo]
voorstads- (abn)	suburbano	[subur'bano]
randgemeente (de)	periferia (f)	[perife'ria]
omgeving (de)	dintorni (m pl)	[din'torni]
blok (huizenblok)	isolato (m)	[izo'lato]
woonwijk (de)	quartiere (m) residenziale	[kwar'tjere reziden'tsjale]
verkeer (het)	traffico (m)	['traffiko]
verkeerslicht (het)	semaforo (m)	[se'maforo]
openbaar vervoer (het)	trasporti (m pl) urbani	[tras'porti ur'bani]
kruispunt (het)	incrocio (m)	[in'kroʧo]
zebrapad (oversteekplaats)	passaggio (m) pedonale	[pas'sadʒo pedo'nale]
onderdoorgang (de)	sottopassaggio (m)	[sotto·pas'sadʒo]
oversteken (de straat ~)	attraversare (vt)	[attraver'sare]
voetganger (de)	pedone (m)	[pe'done]
trottoir (het)	marciapiede (m)	[marʧa'pjede]
brug (de)	ponte (m)	['ponte]
dijk (de)	banchina (f)	[baŋ'kina]
fontein (de)	fontana (f)	[fon'tana]
allee (de)	vialetto (m)	[via'letto]
park (het)	parco (m)	['parko]
boulevard (de)	boulevard (m)	[bul'var]
plein (het)	piazza (f)	['pjattsa]
laan (de)	viale (m), corso (m)	[vi'ale], ['korso]
straat (de)	via (f), strada (f)	['via], ['strada]
zijstraat (de)	vicolo (m)	['vikolo]
doodlopende straat (de)	vicolo (m) cieco	['vikolo 'ʧjeko]
huis (het)	casa (f)	['kaza]
gebouw (het)	edificio (m)	[edi'fiʧo]
wolkenkrabber (de)	grattacielo (m)	[gratta'ʧelo]
gevel (de)	facciata (f)	[fa'ʧata]
dak (het)	tetto (m)	['tetto]
venster (het)	finestra (f)	[fi'nestra]
boog (de)	arco (m)	['arko]
pilaar (de)	colonna (f)	[ko'lonna]
hoek (ov. een gebouw)	angolo (m)	['angolo]
vitrine (de)	vetrina (f)	[ve'trina]
gevelreclame (de)	insegna (f)	[in'seɲa]
affiche (de/het)	cartellone (m)	[kartel'lone]
reclameposter (de)	cartellone (m) pubblicitario	[kartel'lone pubbliʧi'tario]

aanplakbord (het)	tabellone (m) pubblicitario	[tabel'lone pubbliʧi'tario]
vuilnis (de/het)	pattume (m), spazzatura (f)	[pat'tume], [spattsa'tura]
vuilnisbak (de)	pattumiera (f)	[pattu'mjera]
afval weggooien (ww)	sporcare (vi)	[spor'kare]
stortplaats (de)	discarica (f) di rifiuti	[dis'karika di ri'fjuti]

telefooncel (de)	cabina (f) telefonica	[ka'bina tele'fonika]
straatlicht (het)	lampione (m)	[lam'pjone]
bank (de)	panchina (f)	[paɲ'kina]

politieagent (de)	poliziotto (m)	[poli'tsjotto]
politie (de)	polizia (f)	[poli'tsia]
zwerver (de)	mendicante (m)	[mendi'kante]
dakloze (de)	barbone (m)	[bar'bone]

29. Stedelijke instellingen

winkel (de)	negozio (m)	[ne'gotsio]
apotheek (de)	farmacia (f)	[farma'ʧia]
optiek (de)	ottica (f)	['ottika]
winkelcentrum (het)	centro (m) commerciale	['ʧentro kommer'ʧale]
supermarkt (de)	supermercato (m)	[supermer'kato]

bakkerij (de)	panetteria (f)	[panette'ria]
bakker (de)	fornaio (m)	[for'najo]
banketbakkerij (de)	pasticceria (f)	[pastiʧe'ria]
kruidenier (de)	drogheria (f)	[droge'ria]
slagerij (de)	macelleria (f)	[maʧelle'ria]

groentewinkel (de)	fruttivendolo (m)	[frutti'vendolo]
markt (de)	mercato (m)	[mer'kato]

koffiehuis (het)	caffè (m)	[kaf'fe]
restaurant (het)	ristorante (m)	[risto'rante]
bar (de)	birreria (f), pub (m)	[birre'ria], [pab]
pizzeria (de)	pizzeria (f)	[pittse'ria]

kapperssalon (de/het)	salone (m) di parrucchiere	[sa'lone di parruk'kjere]
postkantoor (het)	ufficio (m) postale	[uf'fiʧo po'stale]
stomerij (de)	lavanderia (f) a secco	[lavande'ria a 'sekko]
fotostudio (de)	studio (m) fotografico	['studio foto'grafiko]

schoenwinkel (de)	negozio (m) di scarpe	[ne'gotsio di 'skarpe]
boekhandel (de)	libreria (f)	[libre'ria]
sportwinkel (de)	negozio (m) sportivo	[ne'gotsio spor'tivo]

kledingreparatie (de)	riparazione (f) di abiti	[ripara'tsjone di 'abiti]
kledingverhuur (de)	noleggio (m) di abiti	[no'leʤo di 'abiti]
videotheek (de)	noleggio (m) di film	[no'leʤo di film]

circus (de/het)	circo (m)	['ʧirko]
dierentuin (de)	zoo (m)	['dzoo]
bioscoop (de)	cinema (m)	['ʧinema]
museum (het)	museo (m)	[mu'zeo]

bibliotheek (de)	biblioteca (f)	[biblio'teka]
theater (het)	teatro (m)	[te'atro]
opera (de)	teatro (m) dell'opera	[te'atro dell 'opera]
nachtclub (de)	locale notturno (m)	[lo'kale not'turno]
casino (het)	casinò (m)	[kazi'no]
moskee (de)	moschea (f)	[mos'kea]
synagoge (de)	sinagoga (f)	[sina'goga]
kathedraal (de)	cattedrale (f)	[katte'drale]
tempel (de)	tempio (m)	['tempjo]
kerk (de)	chiesa (f)	['kjeza]
instituut (het)	istituto (m)	[isti'tuto]
universiteit (de)	università (f)	[universi'ta]
school (de)	scuola (f)	['skwola]
gemeentehuis (het)	prefettura (f)	[prefet'tura]
stadhuis (het)	municipio (m)	[muni'tʃipio]
hotel (het)	albergo (m)	[al'bergo]
bank (de)	banca (f)	['banka]
ambassade (de)	ambasciata (f)	[amba'ʃata]
reisbureau (het)	agenzia (f) di viaggi	[adʒen'tsia di 'vjadʒi]
informatieloket (het)	ufficio (m) informazioni	[uf'fitʃo informa'tsjoni]
wisselkantoor (het)	ufficio (m) dei cambi	[uf'fitʃo dei 'kambi]
metro (de)	metropolitana (f)	[metropoli'tana]
ziekenhuis (het)	ospedale (m)	[ospe'dale]
benzinestation (het)	distributore (m) di benzina	[distribu'tore di ben'dzina]
parking (de)	parcheggio (m)	[par'kedʒo]

30. Borden

gevelreclame (de)	insegna (f)	[in'seɲa]
opschrift (het)	iscrizione (f)	[iskri'tsjone]
poster (de)	cartellone (m)	[kartel'lone]
wegwijzer (de)	segnale (m) di direzione	[se'ɲale di dire'tsjone]
pijl (de)	freccia (f)	['fretʃa]
waarschuwing (verwittiging)	avvertimento (m)	[avverti'mento]
waarschuwingsbord (het)	avvertimento (m)	[avverti'mento]
waarschuwen (ww)	avvertire (vt)	[avver'tire]
vrije dag (de)	giorno (m) di riposo	['dʒorno di ri'pozo]
dienstregeling (de)	orario (m)	[o'rario]
openingsuren (mv.)	orario (m) di apertura	[o'rario di aper'tura]
WELKOM!	BENVENUTI!	[benve'nuti]
INGANG	ENTRATA	[en'trata]
UITGANG	USCITA	[u'ʃita]
DUWEN	SPINGERE	['spindʒere]
TREKKEN	TIRARE	[ti'rare]

| OPEN | APERTO | [a'perto] |
| GESLOTEN | CHIUSO | ['kjuzo] |

| DAMES | DONNE | ['donne] |
| HEREN | UOMINI | [u'omini] |

KORTING	SCONTI	['skonti]
UITVERKOOP	SALDI	['saldi]
NIEUW!	NOVITÀ!	[novi'ta]
GRATIS	GRATIS	['gratis]

PAS OP!	ATTENZIONE!	[atten'tsjone]
VOLGEBOEKT	COMPLETO	[kom'pleto]
GERESERVEERD	RISERVATO	[rizer'vato]

ADMINISTRATIE	AMMINISTRAZIONE	[amministra'tsjone]
ALLEEN VOOR	RISERVATO	[rizer'vato
PERSONEEL	AL PERSONALE	al perso'nale]

GEVAARLIJKE HOND	ATTENTI AL CANE	[at'tenti al 'kane]
VERBODEN TE ROKEN!	VIETATO FUMARE!	[vje'tato fu'mare]
NIET AANRAKEN!	NON TOCCARE	[non tok'kare]

GEVAARLIJK	PERICOLOSO	[periko'lozo]
GEVAAR	PERICOLO	[pe'rikolo]
HOOGSPANNING	ALTA TENSIONE	['alta ten'sjone]
VERBODEN TE ZWEMMEN	DIVIETO DI BALNEAZIONE	[di'vjeto di balnea'tsjone]
BUITEN GEBRUIK	GUASTO	['gwasto]

ONTVLAMBAAR	INFIAMMABILE	[infjam'mabile]
VERBODEN	VIETATO	[vje'tato]
DOORGANG VERBODEN	VIETATO L'INGRESSO	[vje'tato lin'greso]
OPGELET PAS GEVERFD	VERNICE FRESCA	[ver'nitʃe 'freska]

31. Winkelen

kopen (ww)	comprare (vt)	[kom'prare]
aankoop (de)	acquisto (m)	[a'kwisto]
winkelen (ww)	fare acquisti	['fare a'kwisti]
winkelen (het)	shopping (m)	['ʃopping]

open zijn	essere aperto	['essere a'perto]
(ov. een winkel, enz.)		
gesloten zijn (ww)	essere chiuso	['essere 'kjuzo]

schoeisel (het)	calzature (f pl)	[kaltsa'ture]
kleren (mv.)	abbigliamento (m)	[abbiʎʎa'mento]
cosmetica (mv.)	cosmetica (f)	[ko'zmetika]
voedingswaren (mv.)	alimentari (m pl)	[alimen'tari]
geschenk (het)	regalo (m)	[re'galo]

verkoper (de)	commesso (m)	[kom'messo]
verkoopster (de)	commessa (f)	[kom'messa]
kassa (de)	cassa (f)	['kassa]

spiegel (de)	specchio (m)	['spekkio]
toonbank (de)	banco (m)	['banko]
paskamer (de)	camerino (m)	[kame'rino]

aanpassen (ww)	provare (vt)	[pro'vare]
passen (ov. kleren)	stare bene	['stare 'bene]
bevallen (prettig vinden)	piacere (vi)	[pja'tʃere]

prijs (de)	prezzo (m)	['prettso]
prijskaartje (het)	etichetta (f) del prezzo	[eti'ketta del 'prettso]
kosten (ww)	costare (vt)	[ko'stare]
Hoeveel?	Quanto?	['kwanto]
korting (de)	sconto (m)	['skonto]

niet duur (bn)	no muy caro	[no muj 'karo]
goedkoop (bn)	a buon mercato	[a bu'on mer'kato]
duur (bn)	caro	['karo]
Dat is duur.	È caro	[e 'karo]

verhuur (de)	noleggio (m)	[no'ledʒo]
huren (smoking, enz.)	noleggiare (vt)	[nole'dʒare]
krediet (het)	credito (m)	['kredito]
op krediet (bw)	a credito	[a 'kredito]

KLEDING EN ACCESSOIRES

32. Bovenkleding. Jassen

kleren (mv.)	vestiti (m pl)	[ve'stiti]
bovenkleding (de)	soprabito (m)	[so'prabito]
winterkleding (de)	abiti (m pl) invernali	['abiti inver'nali]
jas (de)	cappotto (m)	[kap'potto]
bontjas (de)	pelliccia (f)	[pel'litʃa]
bontjasje (het)	pellicciotto (m)	[pelli'tʃotto]
donzen jas (de)	piumino (m)	[pju'mino]
jasje (bijv. een leren ~)	giubbotto (m), giaccha (f)	[dʒub'botto], ['dʒakka]
regenjas (de)	impermeabile (m)	[imperme'abile]
waterdicht (bn)	impermeabile	[imperme'abile]

33. Heren & dames kleding

overhemd (het)	camicia (f)	[ka'mitʃa]
broek (de)	pantaloni (m pl)	[panta'loni]
jeans (de)	jeans (m pl)	['dʒins]
colbert (de)	giacca (f)	['dʒakka]
kostuum (het)	abito (m) da uomo	['abito da u'omo]
jurk (de)	abito (m)	['abito]
rok (de)	gonna (f)	['gonna]
blouse (de)	camicetta (f)	[kami'tʃetta]
wollen vest (de)	giacca (f) a maglia	['dʒakka a 'maʎʎa]
blazer (kort jasje)	giacca (f) tailleur	['dʒakka ta'jer]
T-shirt (het)	maglietta (f)	[maʎ'ʎetta]
shorts (mv.)	pantaloni (m pl) corti	[panta'loni 'korti]
trainingspak (het)	tuta (f) sportiva	['tuta spor'tiva]
badjas (de)	accappatoio (m)	[akkappa'tojo]
pyjama (de)	pigiama (m)	[pi'dʒama]
sweater (de)	maglione (m)	[maʎ'ʎone]
pullover (de)	pullover (m)	[pul'lover]
gilet (het)	gilè (m)	[dʒi'le]
rokkostuum (het)	frac (m)	[frak]
smoking (de)	smoking (m)	['zmoking]
uniform (het)	uniforme (f)	[uni'forme]
werkkleding (de)	tuta (f) da lavoro	['tuta da la'voro]
overall (de)	salopette (f)	[salo'pett]
doktersjas (de)	camice (m)	[ka'mitʃe]

34. Kleding. Ondergoed

ondergoed (het)	intimo (m)	['intimo]
herenslip (de)	boxer briefs (m)	['bokser brifs]
slipjes (mv.)	mutandina (f)	[mutan'dina]
onderhemd (het)	maglietta (f) intima	[maʎ'ʎetta 'intima]
sokken (mv.)	calzini (m pl)	[kal'tsini]
nachthemd (het)	camicia (f) da notte	[ka'mitʃa da 'notte]
beha (de)	reggiseno (m)	[redʒi'seno]
kniekousen (mv.)	calzini (m pl) alti	[kal'tsini 'alti]
panty (de)	collant (m)	[kol'lant]
nylonkousen (mv.)	calze (f pl)	['kaltse]
badpak (het)	costume (m) da bagno	[ko'stume da 'baɲo]

35. Hoofddeksels

hoed (de)	cappello (m)	[kap'pello]
deukhoed (de)	cappello (m) di feltro	[kap'pello di feltro]
honkbalpet (de)	cappello (m) da baseball	[kap'pello da 'bejzbol]
kleppet (de)	coppola (f)	['koppola]
baret (de)	basco (m)	['basko]
kap (de)	cappuccio (m)	[kap'putʃo]
panamahoed (de)	panama (m)	['panama]
gebreide muts (de)	berretto (m) a maglia	[ber'retto a 'maʎʎa]
hoofddoek (de)	fazzoletto (m) da capo	[fattso'letto da 'kapo]
dameshoed (de)	cappellino (m) donna	[kappel'lino 'donna]
veiligheidshelm (de)	casco (m)	['kasko]
veldmuts (de)	bustina (f)	[bu'stina]
helm, valhelm (de)	casco (m)	['kasko]
bolhoed (de)	bombetta (f)	[bom'betta]
hoge hoed (de)	cilindro (m)	[tʃi'lindro]

36. Schoeisel

schoeisel (het)	calzature (f pl)	[kaltsa'ture]
schoenen (mv.)	stivaletti (m pl)	[stiva'letti]
vrouwenschoenen (mv.)	scarpe (f pl)	['skarpe]
laarzen (mv.)	stivali (m pl)	[sti'vali]
pantoffels (mv.)	pantofole (f pl)	[pan'tofole]
sportschoenen (mv.)	scarpe (f pl) da tennis	['skarpe da 'tennis]
sneakers (mv.)	scarpe (f pl) da ginnastica	['skarpe da dʒin'nastika]
sandalen (mv.)	sandali (m pl)	['sandali]
schoenlapper (de)	calzolaio (m)	[kaltso'lajo]
hiel (de)	tacco (m)	['takko]

paar (een ~ schoenen)	paio (m)	['pajo]
veter (de)	laccio (m)	['latʃo]
rijgen (schoenen ~)	allacciare (vt)	[ala'tʃare]
schoenlepel (de)	calzascarpe (m)	[kaltsa'skarpe]
schoensmeer (de/het)	lucido (m) per le scarpe	['lutʃido per le 'skarpe]

37. Persoonlijke accessoires

handschoenen (mv.)	guanti (m pl)	['gwanti]
wanten (mv.)	manopole (f pl)	[ma'nopole]
sjaal (fleece ~)	sciarpa (f)	['ʃarpa]

bril (de)	occhiali (m pl)	[ok'kjali]
brilmontuur (het)	montatura (f)	[monta'tura]
paraplu (de)	ombrello (m)	[om'brello]
wandelstok (de)	bastone (m)	[ba'stone]
haarborstel (de)	spazzola (f) per capelli	['spattsola per ka'pelli]
waaier (de)	ventaglio (m)	[ven'taʎʎo]

das (de)	cravatta (f)	[kra'vatta]
strikje (het)	cravatta (f) a farfalla	[kra'vatta a far'falla]
bretels (mv.)	bretelle (f pl)	[bre'telle]
zakdoek (de)	fazzoletto (m)	[fattso'letto]

kam (de)	pettine (m)	['pettine]
haarspeldje (het)	fermaglio (m)	[fer'maʎʎo]
schuifspeldje (het)	forcina (f)	[for'tʃina]
goop (de)	fibbia (f)	['fibbia]

| broekriem (de) | cintura (f) | [tʃin'tura] |
| draagriem (de) | spallina (f) | [spal'lina] |

handtas (de)	borsa (f)	['borsa]
damestas (de)	borsetta (f)	[bor'setta]
rugzak (de)	zaino (m)	['dzajno]

38. Kleding. Diversen

mode (de)	moda (f)	['moda]
de mode (bn)	di moda	[di 'moda]
kledingstilist (de)	stilista (m)	[sti'lista]

kraag (de)	collo (m)	['kollo]
zak (de)	tasca (f)	['taska]
zak- (abn)	tascabile	[ta'skabile]
mouw (de)	manica (f)	['manika]
lusje (het)	asola (f) per appendere	['azola per ap'pendere]
gulp (de)	patta (f)	['patta]

rits (de)	cerniera (f) lampo	[tʃer'njera 'lampo]
sluiting (de)	chiusura (f)	[kju'zura]
knoop (de)	bottone (m)	[bot'tone]

knoopsgat (het)	occhiello (m)	[ok'kjello]
losraken (bijv. knopen)	staccarsi (vr)	[stak'karsi]

naaien (kleren, enz.)	cucire (vl, vt)	[ku'tʃire]
borduren (ww)	ricamare (vl, vt)	[rika'mare]
borduursel (het)	ricamo (m)	[ri'kamo]
naald (de)	ago (m)	['ago]
draad (de)	filo (m)	['filo]
naad (de)	cucitura (f)	[kutʃi'tura]

vies worden (ww)	sporcarsi (vr)	[spor'karsi]
vlek (de)	macchia (f)	['makkia]
gekreukt raken (ov. kleren)	sgualcirsi (vr)	[zgwal'tʃirsi]
scheuren (ov.ww.)	strappare (vt)	[strap'pare]
mot (de)	tarma (f)	['tarma]

39. Persoonlijke verzorging. Schoonheidsmiddelen

tandpasta (de)	dentifricio (m)	[denti'fritʃo]
tandenborstel (de)	spazzolino (m) da denti	[spatso'lino da 'denti]
tanden poetsen (ww)	lavarsi i denti	[la'varsi i 'denti]

scheermes (het)	rasoio (m)	[ra'zojo]
scheerschuim (het)	crema (f) da barba	['krema da 'barba]
zich scheren (ww)	rasarsi (vr)	[ra'zarsi]

zeep (de)	sapone (m)	[sa'pone]
shampoo (de)	shampoo (m)	['ʃampo]

schaar (de)	forbici (f pl)	['forbitʃi]
nagelvijl (de)	limetta (f)	[li'metta]
nagelknipper (de)	tagliaunghie (m)	[taλλa'ungje]
pincet (het)	pinzette (f pl)	[pin'tsette]

cosmetica (mv.)	cosmetica (f)	[ko'zmetika]
masker (het)	maschera (f) di bellezza	['maskera di bel'lettsa]
manicure (de)	manicure (m)	[mani'kure]
manicure doen	fare la manicure	['fare la mani'kure]
pedicure (de)	pedicure (m)	[pedi'kure]

cosmetica tasje (het)	borsa (f) del trucco	['borsa del 'trukko]
poeder (de/het)	cipria (f)	['tʃipria]
poederdoos (de)	portacipria (m)	[porta·'tʃipria]
rouge (de)	fard (m)	[far]

parfum (de/het)	profumo (m)	[pro'fumo]
eau de toilet (de)	acqua (f) da toeletta	['akwa da toe'letta]
lotion (de)	lozione (f)	[lo'tsjone]
eau de cologne (de)	acqua (f) di Colonia	['akwa di ko'lonia]

oogschaduw (de)	ombretto (m)	[om'bretto]
oogpotlood (het)	eyeliner (m)	[aj'lajner]
mascara (de)	mascara (m)	[ma'skara]
lippenstift (de)	rossetto (m)	[ros'setto]

nagellak (de)	smalto (m)	['zmalto]
haarlak (de)	lacca (f) per capelli	['lakka per ka'pelli]
deodorant (de)	deodorante (m)	[deodo'rante]

crème (de)	crema (f)	['krema]
gezichtscrème (de)	crema (f) per il viso	['krema per il 'vizo]
handcrème (de)	crema (f) per le mani	['krema per le 'mani]
antirimpelcrème (de)	crema (f) antirughe	['krema anti'ruge]
dagcrème (de)	crema (f) da giorno	['krema da 'dʒorno]
nachtcrème (de)	crema (f) da notte	['krema da 'notte]
dag- (abn)	da giorno	[da 'dʒorno]
nacht- (abn)	da notte	[da 'notte]

tampon (de)	tampone (m)	[tam'pone]
toiletpapier (het)	carta (f) igienica	['karta i'dʒenika]
föhn (de)	fon (m)	[fon]

40. Horloges. Klokken

polshorloge (het)	orologio (m)	[oro'lodʒo]
wijzerplaat (de)	quadrante (m)	[kwa'drante]
wijzer (de)	lancetta (f)	[lan'tʃetta]
metalen horlogeband (de)	braccialetto (m)	[bratʃa'letto]
horlogebandje (het)	cinturino (m)	[tʃintu'rino]

batterij (de)	pila (f)	['pila]
leeg zijn (ww)	essere scarico	['essere 'skariko]
batterij vervangen	cambiare la pila	[kam'bjare la 'pila]
voorlopen (ww)	andare avanti	[an'dare a'vanti]
achterlopen (ww)	andare indietro	[an'dare in'djetro]

wandklok (de)	orologio (m) da muro	[oro'lodʒo da 'muro]
zandloper (de)	clessidra (f)	['klessidra]
zonnewijzer (de)	orologio (m) solare	[oro'lodʒo so'lare]
wekker (de)	sveglia (f)	['zveʎʎa]
horlogemaker (de)	orologiaio (m)	[orolo'dʒajo]
repareren (ww)	riparare (vt)	[ripa'rare]

ALLEDAAGSE ERVARING

41. Geld

geld (het)	soldi (m pl)	['soldi]
ruil (de)	cambio (m)	['kambio]
koers (de)	corso (m) di cambio	['korso di 'kambio]
geldautomaat (de)	bancomat (m)	['bankomat]
muntstuk (de)	moneta (f)	[mo'neta]
dollar (de)	dollaro (m)	['dollaro]
euro (de)	euro (m)	['euro]
lire (de)	lira (f)	['lira]
Duitse mark (de)	marco (m)	['marko]
frank (de)	franco (m)	['franko]
pond sterling (het)	sterlina (f)	[ster'lina]
yen (de)	yen (m)	[jen]
schuld (geldbedrag)	debito (m)	['debito]
schuldenaar (de)	debitore (m)	[debi'tore]
uitlenen (ww)	prestare (vt)	[pre'stare]
lenen (geld ~)	prendere in prestito	['prendere in 'prestito]
bank (de)	banca (f)	['banka]
bankrekening (de)	conto (m)	['konto]
op rekening storten	versare sul conto	[ver'sare sul 'konto]
opnemen (ww)	prelevare dal conto	[prele'vare dal 'konto]
kredietkaart (de)	carta (f) di credito	['karta di 'kredito]
baar geld (het)	contanti (m pl)	[kon'tanti]
cheque (de)	assegno (m)	[as'seɲo]
een cheque uitschrijven	emettere un assegno	[e'mettere un as'seɲo]
chequeboekje (het)	libretto (m) di assegni	[li'bretto di as'seɲi]
portefeuille (de)	portafoglio (m)	[porta·'foʎʎo]
geldbeugel (de)	borsellino (m)	[borsel'lino]
safe (de)	cassaforte (f)	[kassa'forte]
erfgenaam (de)	erede (m)	[e'rede]
erfenis (de)	eredità (f)	[eredi'ta]
fortuin (het)	fortuna (f)	[for'tuna]
huur (de)	affitto (m)	[af'fitto]
huurprijs (de)	affitto (m)	[af'fitto]
huren (huis, kamer)	affittare (vt)	[affit'tare]
prijs (de)	prezzo (m)	['prettso]
kostprijs (de)	costo (m), prezzo (m)	['kosto], ['prettso]
som (de)	somma (f)	['somma]

uitgeven (geld besteden)	spendere (vt)	['spendere]
kosten (mv.)	spese (f pl)	['speze]
bezuinigen (ww)	economizzare (vi, vt)	[ekonomid'dzare]
zuinig (bn)	economico	[eko'nomiko]

betalen (ww)	pagare (vi, vt)	[pa'gare]
betaling (de)	pagamento (m)	[paga'mento]
wisselgeld (het)	resto (m)	['resto]

belasting (de)	imposta (f)	[im'posta]
boete (de)	multa (f), ammenda (f)	['multa], [am'menda]
beboeten (bekeuren)	multare (vt)	[mul'tare]

42. Post. Postkantoor

postkantoor (het)	posta (f), ufficio (m) postale	['posta], [uf'fitʃo po'stale]
post (de)	posta (f)	['posta]
postbode (de)	postino (m)	[po'stino]
openingsuren (mv.)	orario (m) di apertura	[o'rario di aper'tura]

brief (de)	lettera (f)	['lettera]
aangetekende brief (de)	raccomandata (f)	[rakkoman'data]
briefkaart (de)	cartolina (f)	[karto'lina]
telegram (het)	telegramma (m)	[tele'gramma]
postpakket (het)	pacco (m) postale	['pakko po'stale]
overschrijving (de)	vaglia (m) postale	['vaʎʎa po'stale]

ontvangen (ww)	ricevere (vt)	[ri'tʃevere]
sturen (zenden)	spedire (vt)	[spe'dire]
verzending (de)	invio (m)	[iɪ'viu]

adres (het)	indirizzo (m)	[indi'rittso]
postcode (de)	codice (m) postale	['koditʃe po'stale]
verzender (de)	mittente (m)	[mit'tente]
ontvanger (de)	destinatario (m)	[destina'tario]

| naam (de) | nome (m) | ['nome] |
| achternaam (de) | cognome (m) | [ko'ɲome] |

tarief (het)	tariffa (f)	[ta'riffa]
standaard (bn)	ordinario	[ordi'nario]
zuinig (bn)	standard	['standar]

gewicht (het)	peso (m)	['pezo]
afwegen (op de weegschaal)	pesare (vt)	[pe'zare]
envelop (de)	busta (f)	['busta]
postzegel (de)	francobollo (m)	[franko'bollo]

43. Bankieren

| bank (de) | banca (f) | ['banka] |
| bankfiliaal (het) | filiale (f) | [fi'ljale] |

bankbediende (de)	consulente (m)	[konsu'lente]
manager (de)	direttore (m)	[diret'tore]

bankrekening (de)	conto (m) bancario	['konto ban'kario]
rekeningnummer (het)	numero (m) del conto	['numero del 'konto]
lopende rekening (de)	conto (m) corrente	['konto kor'rente]
spaarrekening (de)	conto (m) di risparmio	['konto di ris'parmio]

een rekening openen	aprire un conto	[a'prire un 'konto]
de rekening sluiten	chiudere il conto	['kjudere il 'konto]
op rekening storten	versare sul conto	[ver'sare sul 'konto]
opnemen (ww)	prelevare dal conto	[prele'vare dal 'konto]

storting (de)	deposito (m)	[de'pozito]
een storting maken	depositare (vt)	[depozi'tare]
overschrijving (de)	trasferimento (m) telegrafico	[trasferi'mento tele'grafiko]
een overschrijving maken	rimettere i soldi	[ri'mettere i 'soldi]

som (de)	somma (f)	['somma]
Hoeveel?	Quanto?	['kwanto]

handtekening (de)	firma (f)	['firma]
ondertekenen (ww)	firmare (vt)	[fir'mare]

kredietkaart (de)	carta (f) di credito	['karta di 'kredito]
code (de)	codice (m)	['koditʃe]
kredietkaartnummer (het)	numero (m) della carta di credito	['numero 'della 'karta di 'kredito]
geldautomaat (de)	bancomat (m)	['bankomat]

cheque (de)	assegno (m)	[as'seɲo]
een cheque uitschrijven	emettere un assegno	[e'mettere un as'seɲo]
chequeboekje (het)	libretto (m) di assegni	[li'bretto di as'seɲi]

lening, krediet (de)	prestito (m)	['prestito]
een lening aanvragen	fare domanda per un prestito	['fare do'manda per un 'prestito]
een lening nemen	ottenere un prestito	[otte'nere un 'prestito]
een lening verlenen	concedere un prestito	[kon'tʃedere un 'prestito]
garantie (de)	garanzia (f)	[garan'tsia]

44. Telefoon. Telefoongesprek

telefoon (de)	telefono (m)	[te'lefono]
mobieltje (het)	telefonino (m)	[telefo'nino]
antwoordapparaat (het)	segreteria (f) telefonica	[segrete'ria tele'fonika]

bellen (ww)	telefonare (vi, vt)	[telefo'nare]
belletje (telefoontje)	chiamata (f)	[kja'mata]

een nummer draaien	comporre un numero	[kom'porre un 'numero]
Hallo!	Pronto!	['pronto]
vragen (ww)	chiedere, domandare	['kjedere], [doman'dare]
antwoorden (ww)	rispondere (vi, vt)	[ris'pondere]

horen (ww)	udire, sentire (vt)	[u'dire], [sen'tire]
goed (bw)	bene	['bene]
slecht (bw)	male	['male]
storingen (mv.)	disturbi (m pl)	[di'sturbi]

hoorn (de)	cornetta (f)	[kor'netta]
opnemen (ww)	alzare la cornetta	[al'tsare la kor'netta]
ophangen (ww)	riattaccare la cornetta	[riattak'kare la kor'netta]

bezet (bn)	occupato	[okku'pato]
overgaan (ww)	squillare (vi)	[skwil'lare]
telefoonboek (het)	elenco (m) telefonico	[e'lenko tele'foniko]

lokaal (bn)	locale	[lo'kale]
interlokaal (bn)	interurbano	[interur'bano]
buitenlands (bn)	internazionale	[internatsjo'nale]

45. Mobiele telefoon

mobieltje (het)	telefonino (m)	[telefo'nino]
scherm (het)	schermo (m)	['skermo]
toets, knop (de)	tasto (m)	['tasto]
simkaart (de)	scheda SIM (f)	['skeda 'sim]

batterij (de)	pila (f)	['pila]
leeg zijn (ww)	essere scarico	['essere 'skariko]
acculader (de)	caricabatteria (m)	[karika·batte'ria]

menu (het)	menù (m)	[me'nu]
instellingen (mv.)	impostazioni (f pl)	[imposta'tsjoni]
melodie (beltoon)	melodia (f)	[melo'dia]
selecteren (ww)	scegliere (vt)	['ʃeʎʎere]

rekenmachine (de)	calcolatrice (f)	[kalkola'tritʃe]
voicemail (de)	segreteria (f) telefonica	[segrete'ria tele'fonika]
wekker (de)	sveglia (f)	['zveʎʎa]
contacten (mv.)	contatti (m pl)	[kon'tatti]

| SMS-bericht (het) | messaggio (m) SMS | [mes'sadʒo ese'mese] |
| abonnee (de) | abbonato (m) | [abbo'nato] |

46. Schrijfbehoeften

| balpen (de) | penna (f) a sfera | [penna a 'sfera] |
| vulpen (de) | penna (f) stilografica | ['penna stilo'grafika] |

potlood (het)	matita (f)	[ma'tita]
marker (de)	evidenziatore (m)	[evidentsja'tore]
viltstift (de)	pennarello (m)	[penna'rello]

| notitieboekje (het) | taccuino (m) | [tak'kwino] |
| agenda (boekje) | agenda (f) | [a'dʒenda] |

liniaal (de/het)	righello (m)	[ri'gello]
rekenmachine (de)	calcolatrice (f)	[kalkola'tritʃe]
gom (de)	gomma (f) per cancellare	['gomma per kantʃel'lare]
punaise (de)	puntina (f)	[pun'tina]
paperclip (de)	graffetta (f)	[graf'fetta]

lijm (de)	colla (f)	['kolla]
nietmachine (de)	pinzatrice (f)	[pintsa'tritʃe]
perforator (de)	perforatrice (f)	[perfora'tritʃe]
potloodslijper (de)	temperamatite (m)	[temperama'tite]

47. Vreemde talen

taal (de)	lingua (f)	['lingua]
vreemd (bn)	straniero	[stra'njero]
vreemde taal (de)	lingua (f) straniera	['lingua stra'njera]
leren (bijv. van buiten ~)	studiare (vt)	[stu'djare]
studeren (Nederlands ~)	imparare (vt)	[impa'rare]

lezen (ww)	leggere (vi, vt)	['ledʒere]
spreken (ww)	parlare (vi, vt)	[par'lare]
begrijpen (ww)	capire (vt)	[ka'pire]
schrijven (ww)	scrivere (vi, vt)	['skrivere]

snel (bw)	rapidamente	[rapida'mente]
langzaam (bw)	lentamente	[lenta'mente]
vloeiend (bw)	correntemente	[korrente'mente]

regels (mv.)	regole (f pl)	['regole]
grammatica (de)	grammatica (f)	[gram'matika]
vocabulaire (het)	lessico (m)	['lessiko]
fonetiek (de)	fonetica (f)	[fo'netika]

leerboek (het)	manuale (m)	[manu'ale]
woordenboek (het)	dizionario (m)	[ditsjo'nario]
leerboek (het) voor zelfstudie	manuale (m) autodidattico	[manu'ale autodi'dattiko]
taalgids (de)	frasario (m)	[fra'zario]

cassette (de)	cassetta (f)	[kas'setta]
videocassette (de)	videocassetta (f)	[video·kas'setta]
CD (de)	CD (m)	[tʃi'di]
DVD (de)	DVD (m)	[divu'di]

alfabet (het)	alfabeto (m)	[alfa'beto]
spellen (ww)	compitare (vt)	[kompi'tare]
uitspraak (de)	pronuncia (f)	[pro'nuntʃa]

accent (het)	accento (m)	[a'tʃento]
met een accent (bw)	con un accento	[kon un a'tʃento]
zonder accent (bw)	senza accento	['sentsa a'tʃento]

woord (het)	vocabolo (m)	[vo'kabolo]
betekenis (de)	significato (m)	[siɲifi'kato]
cursus (de)	corso (m)	['korso]

| zich inschrijven (ww) | iscriversi (vr) | [is'kriversi] |
| leraar (de) | insegnante (m, f) | [inse'ɲante] |

vertaling (een ~ maken)	traduzione (f)	[tradu'tsjone]
vertaling (tekst)	traduzione (f)	[tradu'tsjone]
vertaler (de)	traduttore (m)	[tradut'tore]
tolk (de)	interprete (m)	[in'terprete]

| polyglot (de) | poliglotta (m) | [poli'glotta] |
| geheugen (het) | memoria (f) | [me'moria] |

MAALTIJDEN. RESTAURANT

48. Tafelschikking

lepel (de)	cucchiaio (m)	[kuk'kjajo]
mes (het)	coltello (m)	[kol'tello]
vork (de)	forchetta (f)	[for'ketta]
kopje (het)	tazza (f)	['tattsa]
bord (het)	piatto (m)	['pjatto]
schoteltje (het)	piattino (m)	[pjat'tino]
servet (het)	tovagliolo (m)	[tovaʎ'ʎolo]
tandenstoker (de)	stuzzicadenti (m)	[stuttsika'denti]

49. Restaurant

restaurant (het)	ristorante (m)	[risto'rante]
koffiehuis (het)	caffè (m)	[kaf'fe]
bar (de)	pub (m), bar (m)	[pab], [bar]
tearoom (de)	sala (f) da tè	['sala da 'te]
kelner, ober (de)	cameriere (m)	[kame'rjere]
serveerster (de)	cameriera (f)	[kame'rjera]
barman (de)	barista (m)	[ba'rista]
menu (het)	menù (m)	[me'nu]
wijnkaart (de)	lista (f) dei vini	['lista 'dei 'vini]
een tafel reserveren	prenotare un tavolo	[preno'tare un 'tavolo]
gerecht (het)	piatto (m)	['pjatto]
bestellen (eten ~)	ordinare (vt)	[ordi'nare]
een bestelling maken	fare un'ordinazione	['fare unordina'tsjone]
aperitief (de/het)	aperitivo (m)	[aperi'tivo]
voorgerecht (het)	antipasto (m)	[anti'pasto]
dessert (het)	dolce (m)	['doltʃe]
rekening (de)	conto (m)	['konto]
de rekening betalen	pagare il conto	[pa'gare il 'konto]
wisselgeld teruggeven	dare il resto	['dare il 'resto]
fooi (de)	mancia (f)	['mantʃa]

50. Maaltijden

eten (het)	cibo (m)	['tʃibo]
eten (ww)	mangiare (vi, vt)	[man'dʒare]

ontbijt (het)	colazione (f)	[kola'tsjone]
ontbijten (ww)	fare colazione	['fare kola'tsjone]
lunch (de)	pranzo (m)	['prantso]
lunchen (ww)	pranzare (vi)	[pran'tsare]
avondeten (het)	cena (f)	['tʃena]
souperen (ww)	cenare (vi)	[tʃe'nare]

eetlust (de)	appetito (m)	[appe'tito]
Eet smakelijk!	Buon appetito!	[bu'on appe'tito]

openen (een fles ~)	aprire (vt)	[a'prire]
morsen (koffie, enz.)	rovesciare (vt)	[rove'ʃare]
zijn gemorst	rovesciarsi (vi)	[rove'ʃarsi]

koken (water kookt bij 100°C)	bollire (vi)	[bol'lire]
koken (Hoe om water te ~)	far bollire	[far bol'lire]
gekookt (~ water)	bollito	[bol'lito]
afkoelen (koeler maken)	raffreddare (vt)	[raffred'dare]
afkoelen (koeler worden)	raffreddarsi (vr)	[raffred'darsi]

smaak (de)	gusto (m)	['gusto]
nasmaak (de)	retrogusto (m)	[retro'gusto]

volgen een dieet	essere a dieta	['essere a di'eta]
dieet (het)	dieta (f)	[di'eta]
vitamine (de)	vitamina (f)	[vita'mina]
calorie (de)	caloria (f)	[kalo'ria]
vegetariër (de)	vegetariano (m)	[vedʒeta'rjano]
vegetarisch (bn)	vegetariano	[vedʒeta'rjano]

vetten (mv.)	grassi (m pl)	['grassi]
eiwitten (mv.)	proteine (f pl)	[prote'ine]
koolhydraten (mv.)	carboidrati (m pl)	[karboi'drati]
snede (de)	fetta (f), fettina (f)	['fetta], [fet'tina]
stuk (bijv. een ~ taart)	pezzo (m)	['pettso]
kruimel (de)	briciola (f)	['britʃola]

51. Bereide gerechten

gerecht (het)	piatto (m)	['pjatto]
keuken (bijv. Franse ~)	cucina (f)	[ku'tʃina]
recept (het)	ricetta (f)	[ri'tʃetta]
portie (de)	porzione (f)	[por'tsjone]

salade (de)	insalata (f)	[insa'lata]
soep (de)	minestra (f)	[mi'nestra]

bouillon (de)	brodo (m)	['brodo]
boterham (de)	panino (m)	[pa'nino]
spiegelei (het)	uova (f pl) al tegamino	[u'ova al tega'mino]

hamburger (de)	hamburger (m)	[am'burger]
biefstuk (de)	bistecca (f)	[bi'stekka]
garnering (de)	contorno (m)	[kon'torno]

spaghetti (de)	spaghetti (m pl)	[spa'getti]
aardappelpuree (de)	purè (m) di patate	[pu're di pa'tate]
pizza (de)	pizza (f)	['pittsa]
pap (de)	porridge (m)	[por'ridʒe]
omelet (de)	frittata (f)	[frit'tata]

gekookt (in water)	bollito	[bol'lito]
gerookt (bn)	affumicato	[affumi'kato]
gebakken (bn)	fritto	['fritto]
gedroogd (bn)	secco	['sekko]
diepvries (bn)	congelato	[kondʒe'lato]
gemarineerd (bn)	sottoaceto	[sottoa'tʃeto]

zoet (bn)	dolce	['doltʃe]
gezouten (bn)	salato	[sa'lato]
koud (bn)	freddo	['freddo]
heet (bn)	caldo	['kaldo]
bitter (bn)	amaro	[a'maro]
lekker (bn)	buono, gustoso	[bu'ono], [gu'stozo]

koken (in kokend water)	cuocere, preparare (vt)	[ku'otʃere], [prepa'rare]
bereiden (avondmaaltijd ~)	cucinare (vi)	[kutʃi'nare]
bakken (ww)	friggere (vt)	['fridʒere]
opwarmen (ww)	riscaldare (vt)	[riskal'dare]

zouten (ww)	salare (vt)	[sa'lare]
peperen (ww)	pepare (vt)	[pe'pare]
raspen (ww)	grattugiare (vt)	[grattu'dʒare]
schil (de)	buccia (f)	['butʃa]
schillen (ww)	sbucciare (vt)	[zbu'tʃare]

52. Voedsel

vlees (het)	carne (f)	['karne]
kip (de)	pollo (m)	['pollo]
kuiken (het)	pollo (m) novello	['pollo no'vello]
eend (de)	anatra (f)	['anatra]
gans (de)	oca (f)	['oka]
wild (het)	cacciagione (f)	[katʃa'dʒone]
kalkoen (de)	tacchino (m)	[tak'kino]

varkensvlees (het)	maiale (m)	[ma'jale]
kalfsvlees (het)	vitello (m)	[vi'tello]
schapenvlees (het)	agnello (m)	[a'ɲello]
rundvlees (het)	manzo (m)	['mandzo]
konijnenvlees (het)	coniglio (m)	[ko'niʎʎo]

worst (de)	salame (m)	[sa'lame]
saucijs (de)	würstel (m)	['vyrstel]
spek (het)	pancetta (f)	[pan'tʃetta]
ham (de)	prosciutto (m)	[pro'ʃutto]
gerookte achterham (de)	prosciutto (m) affumicato	[pro'ʃutto affumi'kato]
paté (de)	pâté (m)	[pa'te]
lever (de)	fegato (m)	['fegato]

gehakt (het)	carne (f) trita	['karne 'trita]
tong (de)	lingua (f)	['lingua]
ei (het)	uovo (m)	[u'ovo]
eieren (mv.)	uova (f pl)	[u'ova]
eiwit (het)	albume (m)	[al'bume]
eigeel (het)	tuorlo (m)	[tu'orlo]
vis (de)	pesce (m)	['peʃe]
zeevruchten (mv.)	frutti (m pl) di mare	['frutti di 'mare]
schaaldieren (mv.)	crostacei (m pl)	[kro'statʃei]
kaviaar (de)	caviale (m)	[ka'vjale]
krab (de)	granchio (m)	['graŋkio]
garnaal (de)	gamberetto (m)	[gambe'retto]
oester (de)	ostrica (f)	['ostrika]
langoest (de)	aragosta (f)	[ara'gosta]
octopus (de)	polpo (m)	['polpo]
inktvis (de)	calamaro (m)	[kala'maro]
steur (de)	storione (m)	[sto'rjone]
zalm (de)	salmone (m)	[sal'mone]
heilbot (de)	ippoglosso (m)	[ippo'glosso]
kabeljauw (de)	merluzzo (m)	[mer'luttso]
makreel (de)	scombro (m)	['skombro]
tonijn (de)	tonno (m)	['tonno]
paling (de)	anguilla (f)	[an'gwilla]
forel (de)	trota (f)	['trota]
sardine (de)	sardina (f)	[sar'dina]
snoek (de)	luccio (m)	['lutʃo]
haring (de)	aringa (f)	[a'ringa]
brood (het)	pane (m)	['pane]
kaas (de)	formaggio (m)	[for'madʒo]
suiker (de)	zucchero (m)	['dzukkero]
zout (het)	sale (m)	['sale]
rijst (de)	riso (m)	['rizo]
pasta (de)	pasta (f)	['pasta]
noedels (mv.)	tagliatelle (f pl)	[taʎʎa'telle]
boter (de)	burro (m)	['burro]
plantaardige olie (de)	olio (m) vegetale	['oljo vedʒe'tale]
zonnebloemolie (de)	olio (m) di girasole	['oljo di dʒira'sole]
margarine (de)	margarina (f)	[marga'rina]
olijven (mv.)	olive (f pl)	[o'live]
olijfolie (de)	olio (m) d'oliva	['oljo do'liva]
melk (de)	latte (m)	['latte]
gecondenseerde melk (de)	latte (m) condensato	['latte konden'sato]
yoghurt (de)	yogurt (m)	['jogurt]
zure room (de)	panna (f) acida	['panna 'atʃida]
room (de)	panna (f)	['panna]

| mayonaise (de) | maionese (m) | [majo'neze] |
| crème (de) | crema (f) | ['krema] |

graan (het)	cereali (m pl)	[tʃere'ali]
meel (het), bloem (de)	farina (f)	[fa'rina]
conserven (mv.)	cibi (m pl) in scatola	['tʃibi in 'skatola]

maïsvlokken (mv.)	fiocchi (m pl) di mais	['fjokki di 'mais]
honing (de)	miele (m)	['mjele]
jam (de)	marmellata (f)	[marmel'lata]
kauwgom (de)	gomma (f) da masticare	['gomma da masti'kare]

53. Drankjes

water (het)	acqua (f)	['akwa]
drinkwater (het)	acqua (f) potabile	['akwa po'tabile]
mineraalwater (het)	acqua (f) minerale	['akwa mine'rale]

zonder gas	liscia, non gassata	['liʃa], [non gas'sata]
koolzuurhoudend (bn)	gassata	[gas'sata]
bruisend (bn)	frizzante	[frid'dzante]
ijs (het)	ghiaccio (m)	['gjatʃo]
met ijs	con ghiaccio	[kon 'gjatʃo]

alcohol vrij (bn)	analcolico	[anal'koliko]
alcohol vrije drank (de)	bevanda (f) analcolica	[be'vanda anal'kolika]
frisdrank (de)	bibita (f)	['bibita]
limonade (de)	limonata (f)	[limo'nata]

alcoholische dranken (mv.)	bevande (f pl) alcoliche	[be'vande al'kolike]
wijn (de)	vino (m)	['vino]
witte wijn (de)	vino (m) bianco	['vino 'bjanko]
rode wijn (de)	vino (m) rosso	['vino 'rosso]

likeur (de)	liquore (m)	[li'kwore]
champagne (de)	champagne (m)	[ʃam'paɲ]
vermout (de)	vermouth (m)	['vermut]

whisky (de)	whisky	['wiski]
wodka (de)	vodka (f)	['vodka]
gin (de)	gin (m)	[dʒin]
cognac (de)	cognac (m)	['koɲak]
rum (de)	rum (m)	[rum]

koffie (de)	caffè (m)	[kaf'fe]
zwarte koffie (de)	caffè (m) nero	[kaf'fe 'nero]
koffie (de) met melk	caffè latte (m)	[kaf'fe 'latte]
cappuccino (de)	cappuccino (m)	[kappu'tʃino]
oploskoffie (de)	caffè (m) solubile	[kaf'fe so'lubile]

melk (de)	latte (m)	['latte]
cocktail (de)	cocktail (m)	['koktejl]
milkshake (de)	frullato (m)	[frul'lato]
sap (het)	succo (m)	['sukko]

tomatensap (het)	succo (m) di pomodoro	['sukko di pomo'doro]
sinaasappelsap (het)	succo (m) d'arancia	['sukko da'rantʃa]
vers geperst sap (het)	spremuta (f)	[spre'muta]

bier (het)	birra (f)	['birra]
licht bier (het)	birra (f) chiara	['birra 'kjara]
donker bier (het)	birra (f) scura	['birra 'skura]

thee (de)	tè (m)	[te]
zwarte thee (de)	tè (m) nero	[te 'nero]
groene thee (de)	tè (m) verde	[te 'verde]

54. Groenten

groenten (mv.)	ortaggi (m pl)	[or'tadʒi]
verse kruiden (mv.)	verdura (f)	[ver'dura]

tomaat (de)	pomodoro (m)	[pomo'doro]
augurk (de)	cetriolo (m)	[tʃetri'olo]
wortel (de)	carota (f)	[ka'rota]
aardappel (de)	patata (f)	[pa'tata]
ui (de)	cipolla (f)	[tʃi'polla]
knoflook (de)	aglio (m)	['aʎʎo]

kool (de)	cavolo (m)	['kavolo]
bloemkool (de)	cavolfiore (m)	[kavol'fjore]

spruitkool (de)	cavoletti (m pl) di Bruxelles	[kavo'letti di bruk'sel]
broccoli (de)	broccolo (m)	['brokkolo]

rode biet (de)	barbabietola (f)	[barba'bjetola]
aubergine (de)	melanzana (f)	[melan'tsana]
courgette (de)	zucchina (f)	[dzuk'kina]

pompoen (de)	zucca (f)	['dzukka]
raap (de)	rapa (f)	['rapa]

peterselie (de)	prezzemolo (m)	[pret'tsemolo]
dille (de)	aneto (m)	[a'neto]
sla (de)	lattuga (f)	[lat'tuga]
selderij (de)	sedano (m)	['sedano]

asperge (de)	asparago (m)	[a'sparago]
spinazie (de)	spinaci (m pl)	[spi'natʃi]

erwt (de)	pisello (m)	[pi'zello]
bonen (mv.)	fave (f pl)	['fave]

maïs (de)	mais (m)	['mais]
nierboon (de)	fagiolo (m)	[fa'dʒolo]

peper (de)	peperone (m)	[pepe'rone]
radijs (de)	ravanello (m)	[rava'nello]
artisjok (de)	carciofo (m)	[kar'tʃofo]

55. Vruchten. Noten

vrucht (de)	frutto (m)	['frutto]
appel (de)	mela (f)	['mela]
peer (de)	pera (f)	['pera]
citroen (de)	limone (m)	[li'mone]
sinaasappel (de)	arancia (f)	[a'rantʃa]
aardbei (de)	fragola (f)	['fragola]
mandarijn (de)	mandarino (m)	[manda'rino]
pruim (de)	prugna (f)	['pruɲa]
perzik (de)	pesca (f)	['peska]
abrikoos (de)	albicocca (f)	[albi'kokka]
framboos (de)	lampone (m)	[lam'pone]
ananas (de)	ananas (m)	[ana'nas]
banaan (de)	banana (f)	[ba'nana]
watermeloen (de)	anguria (f)	[an'guria]
druif (de)	uva (f)	['uva]
zure kers (de)	amarena (f)	[ama'rena]
zoete kers (de)	ciliegia (f)	[tʃi'ljedʒa]
meloen (de)	melone (m)	[me'lone]
grapefruit (de)	pompelmo (m)	[pom'pelmo]
avocado (de)	avocado (m)	[avo'kado]
papaja (de)	papaia (f)	[pa'paja]
mango (de)	mango (m)	['mango]
granaatappel (de)	melagrana (f)	[mela'grana]
rode bes (de)	ribes (m) rosso	['ribes 'rosso]
zwarte bes (de)	ribes (m) nero	['ribes 'nero]
kruisbes (de)	uva (f) spina	['uva 'spina]
blauwe bosbes (de)	mirtillo (m)	[mir'tillo]
braambes (de)	mora (f)	['mora]
rozijn (de)	uvetta (f)	[u'vetta]
vijg (de)	fico (m)	['fiko]
dadel (de)	dattero (m)	['dattero]
pinda (de)	arachide (f)	[a'rakide]
amandel (de)	mandorla (f)	['mandorla]
walnoot (de)	noce (f)	['notʃe]
hazelnoot (de)	nocciola (f)	[no'tʃola]
kokosnoot (de)	noce (f) di cocco	['notʃe di 'kokko]
pistaches (mv.)	pistacchi (m pl)	[pi'stakki]

56. Brood. Snoep

suikerbakkerij (de)	pasticceria (f)	[pastitʃe'ria]
brood (het)	pane (m)	['pane]
koekje (het)	biscotti (m pl)	[bi'skotti]
chocolade (de)	cioccolato (m)	[tʃokko'lato]
chocolade- (abn)	al cioccolato	[al tʃokko'lato]

snoepje (het)	caramella (f)	[kara'mella]
cakeje (het)	tortina (f)	[tor'tina]
taart (bijv. verjaardags~)	torta (f)	['torta]

| pastei (de) | crostata (f) | [kro'stata] |
| vulling (de) | ripieno (m) | [ri'pjeno] |

confituur (de)	marmellata (f)	[marmel'lata]
marmelade (de)	marmellata (f) di agrumi	[marmel'lata di a'grumi]
wafel (de)	wafer (m)	['vafer]
ijsje (het)	gelato (m)	[dʒe'lato]
pudding (de)	budino (m)	[bu'dino]

57. Kruiden

zout (het)	sale (m)	['sale]
gezouten (bn)	salato	[sa'lato]
zouten (ww)	salare (vt)	[sa'lare]

zwarte peper (de)	pepe (m) nero	['pepe 'nero]
rode peper (de)	peperoncino (m)	[peperon'tʃino]
mosterd (de)	senape (f)	[se'nape]
mierikswortel (de)	cren (m)	['kren]

condiment (het)	condimento (m)	[kondi'mento]
specerij, kruiderij (de)	spezie (f pl)	['spetsie]
saus (de)	salsa (f)	['salsa]
azijn (de)	aceto (m)	[a'tʃeto]

anijs (de)	anice (m)	['anitʃe]
basilicum (de)	basilico (m)	[ba'ziliko]
kruidnagel (de)	chiodi (m pl) di garofano	['kjodi di ga'rofano]
gember (de)	zenzero (m)	['dzendzero]
koriander (de)	coriandolo (m)	[kori'andolo]
kaneel (de/het)	cannella (f)	[kan'nella]

sesamzaad (het)	sesamo (m)	[sezamo]
laurierblad (het)	alloro (m)	[al'loro]
paprika (de)	paprica (f)	['paprika]
komijn (de)	cumino, comino (m)	[ku'mino], [ko'mino]
saffraan (de)	zafferano (m)	[dzaffe'rano]

PERSOONLIJKE INFORMATIE. FAMILIE

58. Persoonlijke informatie. Formulieren

naam (de)	nome (m)	['nome]
achternaam (de)	cognome (m)	[ko'nome]
geboortedatum (de)	data (f) di nascita	['data di 'naʃita]
geboorteplaats (de)	luogo (m) di nascita	[lu'ogo di 'naʃita]
nationaliteit (de)	nazionalità (f)	[natsjonali'ta]
woonplaats (de)	domicilio (m)	[domi'tʃilio]
land (het)	paese (m)	[pa'eze]
beroep (het)	professione (f)	[profes'sjone]
geslacht (ov. het vrouwelijk ~)	sesso (m)	['sesso]
lengte (de)	statura (f)	[sta'tura]
gewicht (het)	peso (m)	['pezo]

59. Familieleden. Verwanten

moeder (de)	madre (f)	['madre]
vader (de)	padre (m)	['padre]
zoon (de)	figlio (m)	['fiʎʎo]
dochter (de)	figlia (f)	['fiʎʎa]
jongste dochter (de)	figlia (f) minore	['fiʎʎa mi'nore]
jongste zoon (de)	figlio (m) minore	['fiʎʎo mi'nore]
oudste dochter (de)	figlia (f) maggiore	['fiʎʎa ma'dʒore]
oudste zoon (de)	figlio (m) maggiore	['fiʎʎo ma'dʒore]
broer (de)	fratello (m)	[fra'tello]
zuster (de)	sorella (f)	[so'rella]
neef (zoon van oom, tante)	cugino (m)	[ku'dʒino]
nicht (dochter van oom, tante)	cugina (f)	[ku'dʒina]
mama (de)	mamma (f)	['mamma]
papa (de)	papà (m)	[pa'pa]
ouders (mv.)	genitori (m pl)	[dʒeni'tori]
kind (het)	bambino (m)	[bam'bino]
kinderen (mv.)	bambini (m pl)	[bam'bini]
oma (de)	nonna (f)	['nonna]
opa (de)	nonno (m)	['nonno]
kleinzoon (de)	nipote (m)	[ni'pote]
kleindochter (de)	nipote (f)	[ni'pote]
kleinkinderen (mv.)	nipoti (pl)	[ni'poti]

oom (de)	zio (m)	['tsio]
tante (de)	zia (f)	['tsia]
neef (zoon van broer, zus)	nipote (m)	[ni'pote]
nicht (dochter van broer, zus)	nipote (f)	[ni'pote]

schoonmoeder (de)	suocera (f)	[su'oʧera]
schoonvader (de)	suocero (m)	[su'oʧero]
schoonzoon (de)	genero (m)	['dʒenero]
stiefmoeder (de)	matrigna (f)	[ma'triɲa]
stiefvader (de)	patrigno (m)	[pa'triɲo]

zuigeling (de)	neonato (m)	[neo'nato]
wiegenkind (het)	infante (m)	[in'fante]
kleuter (de)	bimbo (m)	['bimbo]

vrouw (de)	moglie (f)	['moʎʎe]
man (de)	marito (m)	[ma'rito]
echtgenoot (de)	coniuge (m)	['konjudʒe]
echtgenote (de)	coniuge (f)	['konjudʒe]

gehuwd (mann.)	sposato	[spo'zato]
gehuwd (vrouw.)	sposata	[spo'zata]
ongehuwd (mann.)	celibe	['ʧelibe]
vrijgezel (de)	scapolo (m)	['skapolo]
gescheiden (bn)	divorziato	[divortsi'ato]
weduwe (de)	vedova (f)	['vedova]
weduwnaar (de)	vedovo (m)	['vedovo]

familielid (het)	parente (m)	[pa'rente]
dichte familielid (het)	parente (m) stretto	[pa'rente 'stretto]
verre familielid (het)	parente (m) lontano	[pa'rente lon'tano]
familieleden (mv.)	parenti (m pl)	[pa'renti]

voogd (de)	tutore (m)	[tu'tore]
adopteren (een jongen te ~)	adottare (vt)	[adot'tare]
adopteren (een meisje te ~)	adottare (vt)	[adot'tare]

60. Vrienden. Collega's

vriend (de)	amico (m)	[a'miko]
vriendin (de)	amica (f)	[a'mika]
vriendschap (de)	amicizia (f)	[ami'ʧitsia]
bevriend zijn (ww)	essere amici	['essere a'miʧi]

makker (de)	amico (m)	[a'miko]
vriendin (de)	amica (f)	[a'mika]
partner (de)	partner (m)	['partner]

chef (de)	capo (m)	['kapo]
baas (de)	capo (m), superiore (m)	['kapo], [supe'rjore]
ondergeschikte (de)	subordinato (m)	[subordi'nato]
collega (de)	collega (m)	[kol'lega]
kennis (de)	conoscente (m)	[kono'ʃente]
medereiziger (de)	compagno (m) di viaggio	[kom'paɲo di 'vjadʒo]

klasgenoot (de)	**compagno** (m) **di classe**	[kom'paɲo di 'klasse]
buurman (de)	**vicino** (m)	[vi'tʃino]
buurvrouw (de)	**vicina** (f)	[vi'tʃina]
buren (mv.)	**vicini** (m pl)	[vi'tʃini]

MENSELIJK LICHAAM. GENEESKUNDE

61. Hoofd

hoofd (het)	testa (f)	['testa]
gezicht (het)	viso (m)	['vizo]
neus (de)	naso (m)	['nazo]
mond (de)	bocca (f)	['bokka]
oog (het)	occhio (m)	['okkio]
ogen (mv.)	occhi (m pl)	['okki]
pupil (de)	pupilla (f)	[pu'pilla]
wenkbrauw (de)	sopracciglio (m)	[sopra'tʃiʎʎo]
wimper (de)	ciglio (m)	['tʃiʎʎo]
ooglid (het)	palpebra (f)	['palpebra]
tong (de)	lingua (f)	['lingua]
tand (de)	dente (m)	['dente]
lippen (mv.)	labbra (f pl)	['labbra]
jukbeenderen (mv.)	zigomi (m pl)	['dzigomi]
tandvlees (het)	gengiva (f)	[dʒen'dʒiva]
gehemelte (het)	palato (m)	[pa'lato]
neusgaten (mv.)	narici (f pl)	[na'ritʃi]
kin (de)	mento (m)	['mento]
kaak (de)	mascella (f)	[ma'ʃella]
wang (de)	guancia (f)	['gwantʃa]
voorhoofd (het)	fronte (f)	['fronte]
slaap (de)	tempia (f)	['tempia]
oor (het)	orecchio (m)	[o'rekkio]
achterhoofd (het)	nuca (f)	['nuka]
hals (de)	collo (m)	['kollo]
keel (de)	gola (f)	['gola]
haren (mv.)	capelli (m pl)	[ka'pelli]
kapsel (het)	pettinatura (f)	[pettina'tura]
haarsnit (de)	taglio (m)	['taʎʎo]
pruik (de)	parrucca (f)	['parrukka]
snor (de)	baffi (m pl)	['baffi]
baard (de)	barba (f)	['barba]
dragen (een baard, enz.)	portare (vt)	[por'tare]
vlecht (de)	treccia (f)	['tretʃa]
bakkebaarden (mv.)	basette (f pl)	[ba'zette]
ros (roodachtig, rossig)	rosso	['rosso]
grijs (~ haar)	brizzolato	[brittso'lato]
kaal (bn)	calvo	['kalvo]
kale plek (de)	calvizie (f)	[kal'vitsie]

65

| paardenstaart (de) | coda (f) di cavallo | ['koda di ka'vallo] |
| pony (de) | frangetta (f) | [fran'dʒetta] |

62. Menselijk lichaam

| hand (de) | mano (f) | ['mano] |
| arm (de) | braccio (m) | ['bratʃo] |

vinger (de)	dito (m)	['dito]
teen (de)	dito (m) del piede	['dito del 'pjede]
duim (de)	pollice (m)	['pollitʃe]
pink (de)	mignolo (m)	[mi'ɲolo]
nagel (de)	unghia (f)	['ungia]

vuist (de)	pugno (m)	['puɲo]
handpalm (de)	palmo (m)	['palmo]
pols (de)	polso (m)	['polso]
voorarm (de)	avambraccio (m)	[avam'bratʃo]
elleboog (de)	gomito (m)	['gomito]
schouder (de)	spalla (f)	['spalla]

been (rechter ~)	gamba (f)	['gamba]
voet (de)	pianta (f) del piede	['pjanta del 'pjede]
knie (de)	ginocchio (m)	[dʒi'nokkio]
kuit (de)	polpaccio (m)	[pol'patʃo]
heup (de)	anca (f)	['anka]
hiel (de)	tallone (m)	[tal'lone]

lichaam (het)	corpo (m)	['korpo]
buik (de)	pancia (f)	['pantʃa]
borst (de)	petto (m)	['petto]
borst (de)	seno (m)	['seno]
zijde (de)	fianco (m)	['fjanko]
rug (de)	schiena (f)	['skjena]
lage rug (de)	zona (f) lombare	['dzona lom'bare]
taille (de)	vita (f)	['vita]

navel (de)	ombelico (m)	[ombe'liko]
billen (mv.)	natiche (f pl)	['natike]
achterwerk (het)	sedere (m)	[se'dere]

huidvlek (de)	neo (m)	['neo]
moedervlek (de)	voglia (f)	['voʎʎa]
tatoeage (de)	tatuaggio (m)	[tatu'adʒo]
litteken (het)	cicatrice (f)	[tʃika'tritʃe]

63. Ziekten

ziekte (de)	malattia (f)	[malat'tia]
ziek zijn (ww)	essere malato	['essere ma'lato]
gezondheid (de)	salute (f)	[sa'lute]
snotneus (de)	raffreddore (m)	[raffred'dore]

angina (de)	tonsillite (f)	[tonsil'lite]
verkoudheid (de)	raffreddore (m)	[raffred'dore]
verkouden raken (ww)	raffreddarsi (vr)	[raffred'darsi]

bronchitis (de)	bronchite (f)	[bron'kite]
longontsteking (de)	polmonite (f)	[polmo'nite]
griep (de)	influenza (f)	[influ'entsa]

bijziend (bn)	miope	['miope]
verziend (bn)	presbite	['prezbite]
scheelheid (de)	strabismo (m)	[stra'bizmo]
scheel (bn)	strabico	['strabiko]
grauwe staar (de)	cateratta (f)	[kate'ratta]
glaucoom (het)	glaucoma (m)	[glau'koma]

beroerte (de)	ictus (m) cerebrale	['iktus tʃere'brale]
hartinfarct (het)	attacco (m) di cuore	[at'tako di ku'ore]
myocardiaal infarct (het)	infarto (m) miocardico	[in'farto miokar'diko]
verlamming (de)	paralisi (f)	[pa'ralizi]
verlammen (ww)	paralizzare (vt)	[paralid'dzare]

allergie (de)	allergia (f)	[aller'dʒia]
astma (de/het)	asma (f)	['azma]
diabetes (de)	diabete (m)	[dia'bete]

tandpijn (de)	mal (m) di denti	[mal di 'denti]
tandbederf (het)	carie (f)	['karie]

diarree (de)	diarrea (f)	[diar'rea]
constipatie (de)	stitichezza (f)	[stiti'kettsa]
maagstoornis (de)	disturbo (m) gastrico	[di'sturbo 'gastriko]
voedselvergiftiging (de)	intossicazione (f) alimentare	[intossika'tsjone alimen'tare]
voedselvergiftiging oplopen	intossicarsi (vr)	[intossi'karsi]

artritis (de)	artrite (f)	[ar'trite]
rachitis (de)	rachitide (f)	[ra'kitide]
reuma (het)	reumatismo (m)	[reuma'tizmo]
arteriosclerose (de)	aterosclerosi (f)	[ateroskle'rozi]

gastritis (de)	gastrite (f)	[ga'strite]
blindedarmontsteking (de)	appendicite (f)	[appendi'tʃite]
galblaasontsteking (de)	colecistite (f)	[koletʃi'stite]
zweer (de)	ulcera (f)	['ultʃera]

mazelen (mv.)	morbillo (m)	[mor'billo]
rodehond (de)	rosolia (f)	[rozo'lia]
geelzucht (de)	itterizia (f)	[itte'ritsia]
leverontsteking (de)	epatite (f)	[epa'tite]

schizofrenie (de)	schizofrenia (f)	[skidzofre'nia]
dolheid (de)	rabbia (f)	['rabbia]
neurose (de)	nevrosi (f)	[ne'vrozi]
hersenschudding (de)	commozione (f) cerebrale	[kommo'tsjone tʃere'brale]

kanker (de)	cancro (m)	['kankro]
sclerose (de)	sclerosi (f)	[skle'rozi]

multiple sclerose (de)	sclerosi (f) multipla	[skle'rozi 'multipla]
alcoholisme (het)	alcolismo (m)	[alko'lizmo]
alcoholicus (de)	alcolizzato (m)	[alkolid'dzato]
syfilis (de)	sifilide (f)	[si'filide]
AIDS (de)	AIDS (m)	['aids]

tumor (de)	tumore (m)	[tu'more]
kwaadaardig (bn)	maligno	[ma'liɲo]
goedaardig (bn)	benigno	[be'niɲo]
koorts (de)	febbre (f)	['febbre]
malaria (de)	malaria (f)	[ma'laria]
gangreen (het)	cancrena (f)	[kan'krena]
zeeziekte (de)	mal (m) di mare	[mal di 'mare]
epilepsie (de)	epilessia (f)	[epiles'sia]

epidemie (de)	epidemia (f)	[epide'mia]
tyfus (de)	tifo (m)	['tifo]
tuberculose (de)	tubercolosi (f)	[tuberko'lozi]
cholera (de)	colera (m)	[ko'lera]
pest (de)	peste (f)	['peste]

64. Symptomen. Behandelingen. Deel 1

symptoom (het)	sintomo (m)	['sintomo]
temperatuur (de)	temperatura (f)	[tempera'tura]
verhoogde temperatuur (de)	febbre (f) alta	['febbre 'alta]
polsslag (de)	polso (m)	['polso]

duizeling (de)	capogiro (m)	[kapo'dʒiro]
heet (erg warm)	caldo	['kaldo]
koude rillingen (mv.)	brivido (m)	['brivido]
bleek (bn)	pallido	['pallido]

hoest (de)	tosse (f)	['tosse]
hoesten (ww)	tossire (vi)	[tos'sire]
niezen (ww)	starnutire (vi)	[starnu'tire]
flauwte (de)	svenimento (m)	[zveni'mento]
flauwvallen (ww)	svenire (vi)	[zve'nire]

blauwe plek (de)	livido (m)	['livido]
buil (de)	bernoccolo (m)	[ber'nokkolo]
zich stoten (ww)	farsi un livido	['farsi un 'livido]
kneuzing (de)	contusione (f)	[kontu'zjone]
kneuzen (gekneusd zijn)	farsi male	['farsi 'male]

hinken (ww)	zoppicare (vi)	[dzoppi'kare]
verstuiking (de)	slogatura (f)	[zloga'tura]
verstuiken (enkel, enz.)	slogarsi (vr)	[zlo'garsi]
breuk (de)	frattura (f)	[frat'tura]
een breuk oplopen	fratturarsi (vr)	[frattu'rarsi]

snijwond (de)	taglio (m)	['taʎʎo]
zich snijden (ww)	tagliarsi (vr)	[taʎ'ʎarsi]
bloeding (de)	emorragia (f)	[emorra'dʒia]

| brandwond (de) | scottatura (f) | [skotta'tura] |
| zich branden (ww) | scottarsi (vr) | [skot'tarsi] |

prikken (ww)	pungere (vt)	['pundʒere]
zich prikken (ww)	pungersi (vr)	['pundʒersi]
blesseren (ww)	ferire (vt)	[fe'rire]
blessure (letsel)	ferita (f)	[fe'rita]
wond (de)	lesione (f)	[le'zjone]
trauma (het)	trauma (m)	['trauma]

ijlen (ww)	delirare (vi)	[deli'rare]
stotteren (ww)	tartagliare (vi)	[tartaʎ'ʎare]
zonnesteek (de)	colpo (m) di sole	['kolpo di 'sole]

65. Symptomen. Behandelingen. Deel 2

| pijn (de) | dolore (m), male (m) | [do'lore], ['male] |
| splinter (de) | scheggia (f) | ['skedʒa] |

zweet (het)	sudore (m)	[su'dore]
zweten (ww)	sudare (vi)	[su'dare]
braking (de)	vomito (m)	['vomito]
stuiptrekkingen (mv.)	convulsioni (f pl)	[konvul'sjoni]

zwanger (bn)	incinta	[in'tʃinta]
geboren worden (ww)	nascere (vi)	['naʃere]
geboorte (de)	parto (m)	['parto]
baren (ww)	essere in travaglio	['essere in tra'vaʎʎo]
abortus (de)	aborto (m)	[a'borto]

ademhaling (de)	respirazione (f)	[respira'tsjone]
inademing (de)	inspirazione (f)	[inspira'tsjone]
uitademing (de)	espirazione (f)	[espira'tsjone]
uitademen (ww)	espirare (vi)	[espi'rare]
inademen (ww)	inspirare (vi)	[inspi'rare]

invalide (de)	invalido (m)	[in'valido]
gehandicapte (de)	storpio (m)	['storpjo]
drugsverslaafde (de)	battaglia (f)	[bat'taʎʎa]

doof (bn)	sordo	['sordo]
stom (bn)	muto	['muto]
doofstom (bn)	sordomuto	[sordo'muto]

krankzinnig (bn)	matto	['matto]
krankzinnige (man)	matto (m)	['matto]
krankzinnige (vrouw)	matta (f)	['matta]
krankzinnig worden	impazzire (vi)	[impat'tsire]

gen (het)	gene (m)	['dʒene]
immuniteit (de)	immunità (f)	[immuni'ta]
erfelijk (bn)	ereditario	[eredi'tario]
aangeboren (bn)	innato	[in'nato]
virus (het)	virus (m)	['virus]

microbe (de)	microbo (m)	['mikrobo]
bacterie (de)	batterio (m)	[bat'terio]
infectie (de)	infezione (f)	[infe'tsjone]

66. Symptomen. Behandelingen. Deel 3

| ziekenhuis (het) | ospedale (m) | [ospe'dale] |
| patiënt (de) | paziente (m) | [pa'tsjente] |

diagnose (de)	diagnosi (f)	[di'aɲozi]
genezing (de)	cura (f)	['kura]
medische behandeling (de)	trattamento (m)	[tratta'mento]
onder behandeling zijn	curarsi (vr)	[ku'rarsi]
behandelen (ww)	curare (vt)	[ku'rare]
zorgen (zieken ~)	accudire	[akku'dire]
ziekenzorg (de)	assistenza (f)	[assi'stentsa]

operatie (de)	operazione (f)	[opera'tsjone]
verbinden (een arm ~)	bendare (vt)	[ben'dare]
verband (het)	fasciatura (f)	[faʃa'tura]

vaccin (het)	vaccinazione (f)	[vatʃina'tsjone]
inenten (vaccineren)	vaccinare (vt)	[vatʃi'nare]
injectie (de)	iniezione (f)	[inje'tsjone]
een injectie geven	fare una puntura	['fare 'una pun'tura]

aanval (de)	attacco (m)	[at'takko]
amputatie (de)	amputazione (f)	[amputa'tsjone]
amputeren (ww)	amputare (vt)	[ampu'tare]
coma (het)	coma (m)	['koma]
in coma liggen	essere in coma	['essere in 'koma]
intensieve zorg, ICU (de)	rianimazione (f)	[rianima'tsjone]

zich herstellen (ww)	guarire (vi)	[gwa'rire]
toestand (de)	stato (f)	['stato]
bewustzijn (het)	conoscenza (f)	[kono'ʃentsa]
geheugen (het)	memoria (f)	[me'moria]

trekken (een kies ~)	estrarre (vt)	[e'strarre]
vulling (de)	otturazione (f)	[ottura'tsjone]
vullen (ww)	otturare (vt)	[ottu'rare]

| hypnose (de) | ipnosi (f) | [ip'nozi] |
| hypnotiseren (ww) | ipnotizzare (vt) | [ipnotid'dzare] |

67. Geneeskunde. Medicijnen. Accessoires

geneesmiddel (het)	medicina (f)	[medi'tʃina]
middel (het)	rimedio (m)	[ri'medio]
voorschrijven (ww)	prescrivere (vt)	[pres'krivere]
recept (het)	prescrizione (f)	[preskri'tsjone]
tablet (de/het)	compressa (f)	[kom'pressa]

zalf (de)	unguento (m)	[un'gwento]
ampul (de)	fiala (f)	[fi'ala]
drank (de)	pozione (f)	[po'tsjone]
siroop (de)	sciroppo (m)	[ʃi'roppo]
pil (de)	pillola (f)	['pillola]
poeder (de/het)	polverina (f)	[polve'rina]
verband (het)	benda (f)	['benda]
watten (mv.)	ovatta (f)	[o'vatta]
jodium (het)	iodio (m)	[i'odio]
pleister (de)	cerotto (m)	[tʃe'rotto]
pipet (de)	contagocce (m)	[konta'gotʃe]
thermometer (de)	termometro (m)	[ter'mometro]
spuit (de)	siringa (f)	[si'ringa]
rolstoel (de)	sedia (f) a rotelle	['sedia a ro'telle]
krukken (mv.)	stampelle (f pl)	[stam'pelle]
pijnstiller (de)	analgesico (m)	[anal'dʒeziko]
laxeermiddel (het)	lassativo (m)	[lassa'tivo]
spiritus (de)	alcol (m)	[al'kol]
medicinale kruiden (mv.)	erba (f) officinale	['erba offitʃi'nale]
kruiden- (abn)	d'erbe	['derbe]

APPARTEMENT

68. Appartement

appartement (het)	appartamento (m)	[apparta'mento]
kamer (de)	camera (f), stanza (f)	['kamera], ['stantsa]
slaapkamer (de)	camera (f) da letto	['kamera da 'letto]
eetkamer (de)	sala (f) da pranzo	['sala da 'prantso]
salon (de)	salotto (m)	[sa'lotto]
studeerkamer (de)	studio (m)	['studio]
gang (de)	ingresso (m)	[in'gresso]
badkamer (de)	bagno (m)	['baɲo]
toilet (het)	gabinetto (m)	[gabi'netto]
plafond (het)	soffitto (m)	[sof'fitto]
vloer (de)	pavimento (m)	[pavi'mento]
hoek (de)	angolo (m)	['angolo]

69. Meubels. Interieur

meubels (mv.)	mobili (m pl)	['mobili]
tafel (de)	tavolo (m)	['tavolo]
stoel (de)	sedia (f)	['sedia]
bed (het)	letto (m)	['letto]
bankstel (het)	divano (m)	[di'vano]
fauteuil (de)	poltrona (f)	[pol'trona]
boekenkast (de)	libreria (f)	[libre'ria]
boekenrek (het)	ripiano (m)	[ri'pjano]
kledingkast (de)	armadio (m)	[ar'madio]
kapstok (de)	attaccapanni (m) da parete	[attakka'panni da pa'rete]
staande kapstok (de)	appendiabiti (m) da terra	[apen'djabiti da terra]
commode (de)	comò (m)	[ko'mo]
salontafeltje (het)	tavolino (m) da salotto	[tavo'lina da sa'lotto]
spiegel (de)	specchio (m)	['spekkio]
tapijt (het)	tappeto (m)	[tap'peto]
tapijtje (het)	tappetino (m)	[tappe'tino]
haard (de)	camino (m)	[ka'mino]
kaars (de)	candela (f)	[kan'dela]
kandelaar (de)	candeliere (m)	[kande'ljere]
gordijnen (mv.)	tende (f pl)	['tende]
behang (het)	carta (f) da parati	['karta da pa'rati]

jaloezie (de)	tende (f pl) alla veneziana	['tende alla vene'tsjana]
bureaulamp (de)	lampada (f) da tavolo	['lampada da 'tavolo]
wandlamp (de)	lampada (f) da parete	['lampada da pa'rete]
staande lamp (de)	lampada (f) a stelo	['lampada a 'stelo]
luchter (de)	lampadario (m)	[lampa'dario]

poot (ov. een tafel, enz.)	gamba (f)	['gamba]
armleuning (de)	bracciolo (m)	['bratʃolo]
rugleuning (de)	spalliera (f)	[spal'ljera]
la (de)	cassetto (m)	[kas'setto]

70. Beddengoed

beddengoed (het)	biancheria (f) da letto	[bjanke'ria da 'letto]
kussen (het)	cuscino (m)	[ku'ʃino]
kussenovertrek (de)	federa (f)	['federa]
deken (de)	coperta (f)	[ko'perta]
laken (het)	lenzuolo (m)	[lentsu'olo]
sprei (de)	copriletto (m)	[kopri'letto]

71. Keuken

keuken (de)	cucina (f)	[ku'tʃina]
gas (het)	gas (m)	[gas]
gasfornuis (het)	fornello (m) a gas	[for'nello a gas]
elektrisch fornuis (het)	fornello (m) elettrico	[for'nello e'lettriko]
oven (de)	forno (m)	['forno]
magnetronoven (de)	forno (m) a microonde	['forno a mikro'onde]

koelkast (de)	frigorifero (m)	[frigo'rifero]
diepvriezer (de)	congelatore (m)	[kondʒela'tore]
vaatwasmachine (de)	lavastoviglie (f)	[lavasto'viʎʎe]

vleesmolen (de)	tritacarne (m)	[trita'karne]
vruchtenpers (de)	spremifrutta (m)	[spremi'frutta]
toaster (de)	tostapane (m)	[tosta'pane]
mixer (de)	mixer (m)	['mikser]

koffiemachine (de)	macchina (f) da caffè	['makkina da kaf'fe]
koffiepot (de)	caffettiera (f)	[kaffet'tjera]
koffiemolen (de)	macinacaffè (m)	[matʃinakaf'fe]

fluitketel (de)	bollitore (m)	[bolli'tore]
theepot (de)	teiera (f)	[te'jera]
deksel (de/het)	coperchio (m)	[ko'perkio]
theezeefje (het)	colino (m) da tè	[ko'lino da te]

lepel (de)	cucchiaio (m)	[kuk'kjajo]
theelepeltje (het)	cucchiaino (m) da tè	[kuk'kjajno da 'te]
eetlepel (de)	cucchiaio (m)	[kuk'kjajo]
vork (de)	forchetta (f)	[for'ketta]
mes (het)	coltello (m)	[kol'tello]

vaatwerk (het)	stoviglie (f pl)	[sto'viʎʎe]
bord (het)	piatto (m)	['pjatto]
schoteltje (het)	piattino (m)	[pjat'tino]

likeurglas (het)	cicchetto (m)	[tʃik'ketto]
glas (het)	bicchiere (m)	[bik'kjere]
kopje (het)	tazzina (f)	[tat'tsina]

suikerpot (de)	zuccheriera (f)	[dzukke'rjera]
zoutvat (het)	saliera (f)	[sa'ljera]
pepervat (het)	pepiera (f)	[pe'pjera]
boterschaaltje (het)	burriera (f)	[bur'rjera]

pan (de)	pentola (f)	['pentola]
bakpan (de)	padella (f)	[pa'della]
pollepel (de)	mestolo (m)	['mestolo]
vergiet (de/het)	colapasta (m)	[kola'pasta]
dienblad (het)	vassoio (m)	[vas'sojo]

fles (de)	bottiglia (f)	[bot'tiʎʎa]
glazen pot (de)	barattolo (m) di vetro	[ba'rattolo di 'vetro]
blik (conserven~)	latta (f), lattina (f)	['latta], [lat'tina]

flesopener (de)	apribottiglie (m)	[apribot'tiʎʎe]
blikopener (de)	apriscatole (m)	[apri'skatole]
kurkentrekker (de)	cavatappi (m)	[kava'tappi]
filter (de/het)	filtro (m)	['filtro]
filteren (ww)	filtrare (vt)	[fil'trare]

| huisvuil (het) | spazzatura (f) | [spattsa'tura] |
| vuilnisemmer (de) | pattumiera (f) | [pattu'mjera] |

72. Badkamer

badkamer (de)	bagno (m)	['baɲo]
water (het)	acqua (f)	['akwa]
kraan (de)	rubinetto (m)	[rubi'netto]
warm water (het)	acqua (f) calda	['akwa 'kalda]
koud water (het)	acqua (f) fredda	['akwa 'fredda]

tandpasta (de)	dentifricio (m)	[denti'fritʃo]
tanden poetsen (ww)	lavarsi i denti	[la'varsi i 'denti]
tandenborstel (de)	spazzolino (m) da denti	[spatso'lino da 'denti]

zich scheren (ww)	rasarsi (vr)	[ra'zarsi]
scheercrème (de)	schiuma (f) da barba	['skjuma da 'barba]
scheermes (het)	rasoio (m)	[ra'zojo]

wassen (ww)	lavare (vt)	[la'vare]
een bad nemen	fare un bagno	['fare un 'baɲo]
douche (de)	doccia (f)	['dotʃa]
een douche nemen	fare una doccia	['fare 'una 'dotʃa]
bad (het)	vasca (f) da bagno	['vaska da 'baɲo]
toiletpot (de)	water (m)	['vater]

wastafel (de)	lavandino (m)	[lavan'dino]
zeep (de)	sapone (m)	[sa'pone]
zeepbakje (het)	porta (m) sapone	['porta sa'pone]

spons (de)	spugna (f)	['spuɲa]
shampoo (de)	shampoo (m)	['ʃampo]
handdoek (de)	asciugamano (m)	[aʃuga'mano]
badjas (de)	accappatoio (m)	[akkappa'tojo]

was (bijv. handwas)	bucato (m)	[bu'kato]
wasmachine (de)	lavatrice (f)	[lava'tritʃe]
de was doen	fare il bucato	['fare il bu'kato]
waspoeder (de)	detersivo (m) per il bucato	[deter'sivo per il bu'kato]

73. Huishoudelijke apparaten

televisie (de)	televisore (m)	[televi'zore]
cassettespeler (de)	registratore (m) a nastro	[redʒistra'tore a 'nastro]
videorecorder (de)	videoregistratore (m)	[video·redʒistra'tore]
radio (de)	radio (f)	['radio]
speler (de)	lettore (m)	[let'tore]

videoprojector (de)	videoproiettore (m)	[video·projet'tore]
home theater systeem (het)	home cinema (m)	['om 'tʃinema]
DVD-speler (de)	lettore (m) DVD	[let'tore divu'di]
versterker (de)	amplificatore (m)	[amplifika'tore]
spelconsole (de)	console (f) video giochi	['konsole 'video 'dʒoki]

videocamera (de)	videocamera (f)	[video·'kamera]
fotocamera (de)	macchina (f) fotografica	['makkina foto'grafika]
digitale camera (de)	fotocamera (f) digitale	[foto'kamera didʒi'tale]

stofzuiger (de)	aspirapolvere (m)	[aspira·'polvere]
strijkijzer (het)	ferro (m) da stiro	['ferro da 'stiro]
strijkplank (de)	asse (f) da stiro	['asse da 'stiro]

telefoon (de)	telefono (m)	[te'lefono]
mobieltje (het)	telefonino (m)	[telefo'nino]
schrijfmachine (de)	macchina (f) da scrivere	['makkina da 'skrivere]
naaimachine (de)	macchina (f) da cucire	['makkina da ku'tʃire]

microfoon (de)	microfono (m)	[mi'krofono]
koptelefoon (de)	cuffia (f)	['kuffia]
afstandsbediening (de)	telecomando (m)	[teleko'mando]

CD (de)	CD (m)	[tʃi'di]
cassette (de)	cassetta (f)	[kas'setta]
vinylplaat (de)	disco (m)	['disko]

DE AARDE. WEER

74. De kosmische ruimte

kosmos (de)	cosmo (m)	['kozmo]
kosmisch (bn)	cosmico, spaziale	['kozmiko], [spa'tsjale]
kosmische ruimte (de)	spazio (m) cosmico	['spatsio 'kozmiko]
wereld (de)	mondo (m)	['mondo]
heelal (het)	universo (m)	[uni'verso]
sterrenstelsel (het)	galassia (f)	[ga'lassia]
ster (de)	stella (f)	['stella]
sterrenbeeld (het)	costellazione (f)	[kostella'tsjone]
planeet (de)	pianeta (m)	[pja'neta]
satelliet (de)	satellite (m)	[sa'tellite]
meteoriet (de)	meteorite (m)	[meteo'rite]
komeet (de)	cometa (f)	[ko'meta]
asteroïde (de)	asteroide (m)	[aste'roide]
baan (de)	orbita (f)	['orbita]
draaien (om de zon, enz.)	ruotare (vi)	[ruo'tare]
atmosfeer (de)	atmosfera (f)	[atmo'sfera]
Zon (de)	il Sole	[il 'sole]
zonnestelsel (het)	sistema (m) solare	[si'stema so'lare]
zonsverduistering (de)	eclisse (f) solare	[e'klisse so'lare]
Aarde (de)	la Terra	[la 'terra]
Maan (de)	la Luna	[la 'luna]
Mars (de)	Marte (m)	['marte]
Venus (de)	Venere (f)	['venere]
Jupiter (de)	Giove (m)	['dʒove]
Saturnus (de)	Saturno (m)	[sa'turno]
Mercurius (de)	Mercurio (m)	[mer'kurio]
Uranus (de)	Urano (m)	[u'rano]
Neptunus (de)	Nettuno (m)	[net'tuno]
Pluto (de)	Plutone (m)	[plu'tone]
Melkweg (de)	Via (f) Lattea	['via 'lattea]
Grote Beer (de)	Orsa (f) Maggiore	['orsa ma'dʒore]
Poolster (de)	Stella (f) Polare	['stella po'lare]
marsmannetje (het)	marziano (m)	[mar'tsjano]
buitenaards wezen (het)	extraterrestre (m)	[ekstrater'restre]
bovenaards (het)	alieno (m)	[a'ljeno]

vliegende schotel (de)	disco (m) volante	['disko vo'lante]
ruimtevaartuig (het)	nave (f) spaziale	['nave spa'tsjale]
ruimtestation (het)	stazione (f) spaziale	[sta'tsjone spa'tsjale]
start (de)	lancio (m)	['lantʃo]
motor (de)	motore (m)	[mo'tore]
straalpijp (de)	ugello (m)	[u'dʒello]
brandstof (de)	combustibile (m)	[kombu'stibile]
cabine (de)	cabina (f) di pilotaggio	[ka'bina di pilo'tadʒio]
antenne (de)	antenna (f)	[an'tenna]
patrijspoort (de)	oblò (m)	[ob'lo]
zonnebatterij (de)	batteria (f) solare	[batte'ria so'lare]
ruimtepak (het)	scafandro (m)	[ska'fandro]
gewichtloosheid (de)	imponderabilità (f)	[imponderabili'ta]
zuurstof (de)	ossigeno (m)	[os'sidʒeno]
koppeling (de)	aggancio (m)	[ag'gantʃo]
koppeling maken	agganciarsi (vr)	[aggan'tʃarsi]
observatorium (het)	osservatorio (m)	[osserva'torio]
telescoop (de)	telescopio (m)	[tele'skopio]
waarnemen (ww)	osservare (vt)	[osser'vare]
exploreren (ww)	esplorare (vt)	[esplo'rare]

76. De Aarde

Aarde (de)	la Terra	[la 'terra]
aardbol (de)	globo (m) terrestre	['globo ter'restre]
planeet (de)	pianeta (m)	[pja'neta]
atmosfeer (de)	atmosfera (f)	[atmo'sfera]
aardrijkskunde (de)	geografia (f)	[dʒeogra'fia]
natuur (de)	natura (f)	[na'tura]
wereldbol (de)	mappamondo (m)	[mappa'mondo]
kaart (de)	carta (f) geografica	['karta dʒeo'grafika]
atlas (de)	atlante (m)	[a'tlante]
Europa (het)	Europa (f)	[eu'ropa]
Azië (het)	Asia (f)	['azia]
Afrika (het)	Africa (f)	['afrika]
Australië (het)	Australia (f)	[au'stralia]
Amerika (het)	America (f)	[a'merika]
Noord-Amerika (het)	America (f) del Nord	[a'merika del nord]
Zuid-Amerika (het)	America (f) del Sud	[a'merika del sud]
Antarctica (het)	Antartide (f)	[an'tartide]
Arctis (de)	Artico (m)	['artiko]

76. Windrichtingen

noorden (het)	nord (m)	[nord]
naar het noorden	a nord	[a nord]
in het noorden	al nord	[al nord]
noordelijk (bn)	del nord	[del nord]
zuiden (het)	sud (m)	[sud]
naar het zuiden	a sud	[a sud]
in het zuiden	al sud	[al sud]
zuidelijk (bn)	del sud	[del sud]
westen (het)	ovest (m)	['ovest]
naar het westen	a ovest	[a 'ovest]
in het westen	all'ovest	[all 'ovest]
westelijk (bn)	dell'ovest, occidentale	[dell 'ovest], [otʃiden'tale]
oosten (het)	est (m)	[est]
naar het oosten	a est	[a est]
in het oosten	all'est	[all 'est]
oostelijk (bn)	dell'est, orientale	[dell 'est], [orien'tale]

77. Zee. Oceaan

zee (de)	mare (m)	['mare]
oceaan (de)	oceano (m)	[o'tʃeano]
golf (baai)	golfo (m)	['golfo]
straat (de)	stretto (m)	['stretto]
grond (vaste grond)	terra (f)	['terra]
continent (het)	continente (m)	[konti'nente]
eiland (het)	isola (f)	['izola]
schiereiland (het)	penisola (f)	[pe'nizola]
archipel (de)	arcipelago (m)	[artʃi'pelago]
baai, bocht (de)	baia (f)	['baja]
haven (de)	porto (m)	['porto]
lagune (de)	laguna (f)	[la'guna]
kaap (de)	capo (m)	['kapo]
atol (de)	atollo (m)	[a'tollo]
rif (het)	scogliera (f)	[skoʎ'ʎera]
koraal (het)	corallo (m)	[ko'rallo]
koraalrif (het)	barriera (f) corallina	[bar'rjera koral'lina]
diep (bn)	profondo	[pro'fondo]
diepte (de)	profondità (f)	[profondi'ta]
diepzee (de)	abisso (m)	[a'bisso]
trog (bijv. Marianentrog)	fossa (f)	['fossa]
stroming (de)	corrente (f)	[kor'rente]
omspoelen (ww)	circondare (vt)	[tʃirkon'dare]
oever (de)	litorale (m)	[lito'rale]

kust (de)	costa (f)	['kosta]
vloed (de)	alta marea (f)	['alta ma'rea]
eb (de)	bassa marea (f)	['bassa ma'rea]
ondiepte (ondiep water)	banco (m) di sabbia	['banko di 'sabbia]
bodem (de)	fondo (m)	['fondo]
golf (hoge ~)	onda (f)	['onda]
golfkam (de)	cresta (f) dell'onda	['kresta dell 'onda]
schuim (het)	schiuma (f)	['skjuma]
orkaan (de)	uragano (m)	[ura'gano]
tsunami (de)	tsunami (m)	[tsu'nami]
windstilte (de)	bonaccia (f)	[bo'natʃa]
kalm (bijv. ~e zee)	tranquillo	[tran'kwillo]
pool (de)	polo (m)	['polo]
polair (bn)	polare	[po'lare]
breedtegraad (de)	latitudine (f)	[lati'tudine]
lengtegraad (de)	longitudine (f)	[londʒi'tudine]
parallel (de)	parallelo (m)	[paral'lelo]
evenaar (de)	equatore (m)	[ekwa'tore]
hemel (de)	cielo (m)	['tʃelo]
horizon (de)	orizzonte (m)	[orid'dzonte]
lucht (de)	aria (f)	['aria]
vuurtoren (de)	faro (m)	['faro]
duiken (ww)	tuffarsi (vr)	[tuf'farsi]
zinken (ov. een boot)	affondare (vi)	[affon'dare]
schatten (mv.)	tesori (m)	[te'zori]

78. Namen van zeeën en oceanen

Atlantische Oceaan (de)	Oceano (m) Atlantico	[o'tʃeano at'lantiko]
Indische Oceaan (de)	Oceano (m) Indiano	[o'tʃeano indi'ano]
Stille Oceaan (de)	Oceano (m) Pacifico	[o'tʃeano pa'tʃifiko]
Noordelijke IJszee (de)	mar (m) Glaciale Artico	[mar gla'tʃale 'artiko]
Zwarte Zee (de)	mar (m) Nero	[mar 'nero]
Rode Zee (de)	mar (m) Rosso	[mar 'rosso]
Gele Zee (de)	mar (m) Giallo	[mar 'dʒallo]
Witte Zee (de)	mar (m) Bianco	[mar 'bjanko]
Kaspische Zee (de)	mar (m) Caspio	[mar 'kaspio]
Dode Zee (de)	mar (m) Morto	[mar 'morto]
Middellandse Zee (de)	mar (m) Mediterraneo	[mar mediter'raneo]
Egeïsche Zee (de)	mar (m) Egeo	[mar e'dʒeo]
Adriatische Zee (de)	mar (m) Adriatico	[mar adri'atiko]
Arabische Zee (de)	mar (m) Arabico	[mar a'rabiko]
Japanse Zee (de)	mar (m) del Giappone	[mar del dʒap'pone]
Beringzee (de)	mare (m) di Bering	['mare di 'bering]

Zuid-Chinese Zee (de)	mar (m) Cinese meridionale	[mar ʧiˈneze meridioˈnale]
Koraalzee (de)	mar (m) dei Coralli	[mar 'dei ko'ralli]
Tasmanzee (de)	mar (m) di Tasmania	[mar di taz'mania]
Caribische Zee (de)	mar (m) dei Caraibi	[mar dei kara'ibi]

| Barentszzee (de) | mare (m) di Barents | ['mare di 'barents] |
| Karische Zee (de) | mare (m) di Kara | ['mare di 'kara] |

Noordzee (de)	mare (m) del Nord	['mare del nord]
Baltische Zee (de)	mar (m) Baltico	[mar 'baltiko]
Noorse Zee (de)	mare (m) di Norvegia	['mare di nor'vedʒa]

79. Bergen

berg (de)	monte (m), montagna (f)	['monte], [mon'taɲa]
bergketen (de)	catena (f) montuosa	[ka'tena montu'oza]
gebergte (het)	crinale (m)	[kri'nale]

bergtop (de)	cima (f)	['ʧima]
bergpiek (de)	picco (m)	['pikko]
voet (ov. de berg)	piedi (m pl)	['pjede]
helling (de)	pendio (m)	[pen'dio]

vulkaan (de)	vulcano (m)	[vul'kano]
actieve vulkaan (de)	vulcano (m) attivo	[vul'kano at'tivo]
uitgedoofde vulkaan (de)	vulcano (m) inattivo	[vul'kano inat'tivo]

uitbarsting (de)	eruzione (f)	[eru'tsjone]
krater (de)	cratere (m)	[kra'tere]
magma (het)	magma (m)	['magma]
lava (de)	lava (f)	['lava]
gloeiend (~e lava)	fuso	['fuzo]

kloof (canyon)	canyon (m)	['kenjon]
bergkloof (de)	gola (f)	['gola]
spleet (de)	crepaccio (m)	[kre'patʃo]
afgrond (de)	precipizio (m)	[pretʃi'pitsio]

bergpas (de)	passo (m), valico (m)	['passo], ['valiko]
plateau (het)	altopiano (m)	[alto'pjano]
klip (de)	falesia (f)	[fa'lezia]
heuvel (de)	collina (f)	[kol'lina]

gletsjer (de)	ghiacciaio (m)	[gja'ʧajo]
waterval (de)	cascata (f)	[kas'kata]
geiser (de)	geyser (m)	['gejzer]
meer (het)	lago (m)	['lago]

vlakte (de)	pianura (f)	[pja'nura]
landschap (het)	paesaggio (m)	[pae'zadʒo]
echo (de)	eco (f)	['eko]

| alpinist (de) | alpinista (m) | [alpi'nista] |
| bergbeklimmer (de) | scalatore (m) | [skala'tore] |

| trotseren (berg ~) | conquistare (vt) | [konkwi'stare] |
| beklimming (de) | scalata (f) | [ska'lata] |

80. Bergen namen

Alpen (de)	Alpi (f pl)	['alpi]
Mont Blanc (de)	Monte (m) Bianco	['monte 'bjanko]
Pyreneeën (de)	Pirenei (m pl)	[pire'nei]

Karpaten (de)	Carpazi (m pl)	[kar'patsi]
Oeralgebergte (het)	gli Urali (m pl)	[ʎi u'rali]
Kaukasus (de)	Caucaso (m)	['kaukazo]
Elbroes (de)	Monte (m) Elbrus	['monte 'elbrus]

Altaj (de)	Monti (m pl) Altai	['monti al'taj]
Tiensjan (de)	Tien Shan (m)	[tjen 'ʃan]
Pamir (de)	Pamir (m)	[pa'mir]
Himalaya (de)	Himalaia (m)	[ima'laja]
Everest (de)	Everest (m)	['everest]

| Andes (de) | Ande (f pl) | ['ande] |
| Kilimanjaro (de) | Kilimangiaro (m) | [kiliman'dʒaro] |

81. Rivieren

rivier (de)	fiume (m)	['fjume]
bron (~ van een rivier)	fonte (f)	['fonte]
rivierbedding (de)	letto (m)	['letto]
rivierbekken (het)	bacino (m)	[ba'tʃino]
uitmonden in ...	sfociare nel ...	[sfo'tʃare nel]

| zijrivier (de) | affluente (m) | [afflu'ente] |
| oever (de) | riva (f) | ['riva] |

stroming (de)	corrente (f)	[kor'rente]
stroomafwaarts (bw)	a valle	[a 'valle]
stroomopwaarts (bw)	a monte	[a 'monte]

overstroming (de)	inondazione (f)	[inonda'tsjone]
overstroming (de)	piena (f)	['pjena]
buiten zijn oevers treden	straripare (vi)	[strari'pare]
overstromen (ww)	inondare (vt)	[inon'dare]

| zandbank (de) | secca (f) | ['sekka] |
| stroomversnelling (de) | rapida (f) | ['rapida] |

dam (de)	diga (f)	['diga]
kanaal (het)	canale (m)	[ka'nale]
spaarbekken (het)	bacino (m) di riserva	[ba'tʃino di ri'zerva]
sluis (de)	chiusa (f)	['kjuza]
waterlichaam (het)	bacino (m) idrico	[ba'tʃino 'idriko]
moeras (het)	palude (f)	[pa'lude]

| broek (het) | pantano (m) | [pan'tano] |
| draaikolk (de) | vortice (m) | ['vortiʧe] |

stroom (de)	ruscello (m)	[ru'ʃello]
drink- (abn)	potabile	[po'tabile]
zoet (~ water)	dolce	['dolʧe]

| ijs (het) | ghiaccio (m) | ['gjaʧo] |
| bevriezen (rivier, enz.) | ghiacciarsi (vr) | [gja'ʧarsi] |

82. Namen van rivieren

| Seine (de) | Senna (f) | ['senna] |
| Loire (de) | Loira (f) | ['loira] |

Theems (de)	Tamigi (m)	[ta'midʒi]
Rijn (de)	Reno (m)	['reno]
Donau (de)	Danubio (m)	[da'nubio]

Wolga (de)	Volga (m)	['volga]
Don (de)	Don (m)	[don]
Lena (de)	Lena (f)	['lena]

Gele Rivier (de)	Fiume (m) Giallo	['fjume 'dʒallo]
Blauwe Rivier (de)	Fiume (m) Azzurro	['fjume ad'dzurro]
Mekong (de)	Mekong (m)	[me'kong]
Ganges (de)	Gange (m)	['gandʒe]

Nijl (de)	Nilo (m)	['nilo]
Kongo (de)	Congo (m)	['kongo]
Okavango (de)	Okavango	[oka'vango]
Zambezi (de)	Zambesi (m)	[dzam'bezi]
Limpopo (de)	Limpopo (m)	['limpopo]
Mississippi (de)	Mississippi (m)	[missis'sippi]

83. Bos

| bos (het) | foresta (f) | [fo'resta] |
| bos- (abn) | forestale | [fores'tale] |

oerwoud (dicht bos)	foresta (f) fitta	[fo'resta 'fitta]
bosje (klein bos)	boschetto (m)	[bos'ketto]
open plek (de)	radura (f)	[ra'dura]

| struikgewas (het) | roveto (m) | [ro'veto] |
| struiken (mv.) | boscaglia (f) | [bos'kaʎʎa] |

| paadje (het) | sentiero (m) | [sen'tjero] |
| ravijn (het) | calanco (m) | [ka'lanko] |

| boom (de) | albero (m) | ['albero] |
| blad (het) | foglia (f) | ['foʎʎa] |

gebladerte (het)	fogliame (m)	[foʎ'ʎame]
vallende bladeren (mv.)	caduta (f) delle foglie	[ka'duta 'delle 'foʎʎe]
vallen (ov. de bladeren)	cadere (vi)	[ka'dere]
boomtop (de)	cima (f)	['tʃima]

tak (de)	ramo (m), ramoscello (m)	['ramo], [ramo'ʃello]
ent (de)	ramo (m)	['ramo]
knop (de)	gemma (f)	['dʒemma]
naald (de)	ago (m)	['ago]
dennenappel (de)	pigna (f)	['piɲa]

boom holte (de)	cavità (f)	[kavi'ta]
nest (het)	nido (m)	['nido]
hol (het)	tana (f)	['tana]

stam (de)	tronco (m)	['tronko]
wortel (bijv. boom~s)	radice (f)	[ra'ditʃe]
schors (de)	corteccia (f)	[kor'tetʃa]
mos (het)	musco (m)	['musko]

ontwortelen (een boom)	sradicare (vt)	[zradi'kare]
kappen (een boom ~)	abbattere (vt)	[ab'battere]
ontbossen (ww)	disboscare (vt)	[dizbo'skare]
stronk (de)	ceppo (m)	['tʃeppo]

kampvuur (het)	falò (m)	[fa'lo]
bosbrand (de)	incendio (m) boschivo	[in'tʃendio bos'kivo]
blussen (ww)	spegnere (vt)	['speɲere]

boswachter (de)	guardia (f) forestale	['gwardia fores'tale]
bescherming (de)	protezione (f)	[prote'tsjone]
beschermen (bijv. de natuur ~)	proteggere (vt)	[pro'tedʒere]
stroper (de)	bracconiere (m)	[brakko'njere]
val (de)	tagliola (f)	[taʎ'ʎoʎa]

| plukken (vruchten, enz.) | raccogliere (vt) | [rak'koʎʎere] |
| verdwalen (de weg kwijt zijn) | perdersi (vr) | ['perdersi] |

84. Natuurlijke hulpbronnen

natuurlijke rijkdommen (mv.)	risorse (f pl) naturali	[ri'sorse natu'rali]
delfstoffen (mv.)	minerali (m pl)	[mine'rali]
lagen (mv.)	deposito (m)	[de'pozito]
veld (bijv. olie~)	giacimento (m)	[dʒatʃi'mento]

winnen (uit erts ~)	estrarre (vt)	[e'strarre]
winning (de)	estrazione (f)	[estra'tsjone]
erts (het)	minerale (m) grezzo	[mine'rale 'greddzo]
mijn (bijv. kolenmijn)	miniera (f)	[mi'njera]
mijnschacht (de)	pozzo (m) di miniera	['pottso di mi'njera]
mijnwerker (de)	minatore (m)	[mina'tore]
gas (het)	gas (m)	[gas]
gasleiding (de)	gasdotto (m)	[gas'dotto]

83

olie (aardolie)	petrolio (m)	[pe'trolio]
olieleiding (de)	oleodotto (m)	[oleo'dotto]
oliebron (de)	torre (f) di estrazione	['torre di estra'tsjone]
boortoren (de)	torre (f) di trivellazione	['torre di trivella'tsjone]
tanker (de)	petroliera (f)	[petro'ljera]

zand (het)	sabbia (f)	['sabbia]
kalksteen (de)	calcare (m)	[kal'kare]
grind (het)	ghiaia (f)	['gjaja]
veen (het)	torba (f)	['torba]
klei (de)	argilla (f)	[ar'dʒilla]
steenkool (de)	carbone (m)	[kar'bone]

ijzer (het)	ferro (m)	['ferro]
goud (het)	oro (m)	['oro]
zilver (het)	argento (m)	[ar'dʒento]
nikkel (het)	nichel (m)	['nikel]
koper (het)	rame (m)	['rame]

zink (het)	zinco (m)	['dzinko]
mangaan (het)	manganese (m)	[manga'neze]
kwik (het)	mercurio (m)	[mer'kurio]
lood (het)	piombo (m)	['pjombo]

mineraal (het)	minerale (m)	[mine'rale]
kristal (het)	cristallo (m)	[kris'tallo]
marmer (het)	marmo (m)	['marmo]
uraan (het)	uranio (m)	[u'ranio]

85. Weer

weer (het)	tempo (m)	['tempo]
weersvoorspelling (de)	previsione (f) del tempo	[previ'zjone del 'tempo]
temperatuur (de)	temperatura (f)	[tempera'tura]
thermometer (de)	termometro (m)	[ter'mometro]
barometer (de)	barometro (m)	[ba'rometro]

vochtig (bn)	umido	['umido]
vochtigheid (de)	umidità (f)	[umidi'ta]
hitte (de)	caldo (m), afa (f)	['kaldo], ['afa]
heet (bn)	molto caldo	['molto 'kaldo]
het is heet	fa molto caldo	[fa 'molto 'kaldo]

| het is warm | fa caldo | [fa 'kaldo] |
| warm (bn) | caldo | ['kaldo] |

| het is koud | fa freddo | [fa 'freddo] |
| koud (bn) | freddo | ['freddo] |

zon (de)	sole (m)	['sole]
schijnen (de zon)	splendere (vi)	['splendere]
zonnig (~e dag)	di sole	[di 'sole]
opgaan (ov. de zon)	levarsi (vr)	[le'varsi]
ondergaan (ww)	tramontare (vi)	[tramon'tare]

wolk (de)	nuvola (f)	['nuvola]
bewolkt (bn)	nuvoloso	[nuvo'lozo]
regenwolk (de)	nube (f) di pioggia	['nube di 'pjodʒa]
somber (bn)	nuvoloso	[nuvo'lozo]

regen (de)	pioggia (f)	['pjodʒa]
het regent	piove	['pjove]
regenachtig (bn)	piovoso	[pjo'vozo]
motregenen (ww)	piovigginare (vi)	[pjovidʒi'nare]

plensbui (de)	pioggia (f) torrenziale	['pjodʒa torren'tsjale]
stortbui (de)	acquazzone (m)	[akwat'tsone]
hard (bn)	forte	['forte]
plas (de)	pozzanghera (f)	[pot'tsangera]
nat worden (ww)	bagnarsi (vr)	[ba'ɲarsi]

mist (de)	foschia (f), nebbia (f)	[fos'kia], ['nebbia]
mistig (bn)	nebbioso	[neb'bjozo]
sneeuw (de)	neve (f)	['neve]
het sneeuwt	nevica	['nevika]

86. Zwaar weer. Natuurrampen

noodweer (storm)	temporale (m)	[tempo'rale]
bliksem (de)	fulmine (f)	['fulmine]
flitsen (ww)	lampeggiare (vi)	[lampe'dʒare]

donder (de)	tuono (m)	[tu'ono]
donderen (ww)	tuonare (vi)	[tuo'nare]
het dondert	tuona	[tu'ona]

| hagel (de) | grandine (f) | ['grandine] |
| het hagelt | grandina | ['grandina] |

| overstromen (ww) | inondare (vt) | [inon'dare] |
| overstroming (de) | inondazione (f) | [inonda'tsjone] |

aardbeving (de)	terremoto (m)	[terre'moto]
aardschok (de)	scossa (f)	['skossa]
epicentrum (het)	epicentro (m)	[epi'tʃentro]

| uitbarsting (de) | eruzione (f) | [eru'tsjone] |
| lava (de) | lava (f) | ['lava] |

wervelwind (de)	tromba (f) d'aria	['tromba 'daria]
windhoos (de)	tornado (m)	[tor'nado]
tyfoon (de)	tifone (m)	[ti'fone]

orkaan (de)	uragano (m)	[ura'gano]
storm (de)	tempesta (f)	[tem'pesta]
tsunami (de)	tsunami (m)	[tsu'nami]

| cycloon (de) | ciclone (m) | [tʃi'klone] |
| onweer (het) | maltempo (m) | [mal'tempo] |

brand (de)	incendio (m)	[in'tʃendio]
ramp (de)	disastro (m)	[di'zastro]
meteoriet (de)	meteorite (m)	[meteo'rite]

lawine (de)	valanga (f)	[va'langa]
sneeuwverschuiving (de)	slavina (f)	[zla'vina]
sneeuwjacht (de)	tempesta (f) di neve	[tem'pesta di 'neve]
sneeuwstorm (de)	bufera (f) di neve	['bufera di 'neve]

FAUNA

87. Zoogdieren. Roofdieren

roofdier (het)	predatore (m)	[preda'tore]
tijger (de)	tigre (f)	['tigre]
leeuw (de)	leone (m)	[le'one]
wolf (de)	lupo (m)	['lupo]
vos (de)	volpe (m)	['volpe]
jaguar (de)	giaguaro (m)	[dʒa'gwaro]
luipaard (de)	leopardo (m)	[leo'pardo]
jachtluipaard (de)	ghepardo (m)	[ge'pardo]
panter (de)	pantera (f)	[pan'tera]
poema (de)	puma (f)	['puma]
sneeuwluipaard (de)	leopardo (m) delle nevi	[leo'pardo 'delle 'nevi]
lynx (de)	lince (f)	['lintʃe]
coyote (de)	coyote (m)	[ko'jote]
jakhals (de)	sciacallo (m)	[ʃa'kallo]
hyena (de)	iena (f)	['jena]

88. Wilde dieren

dier (het)	animale (m)	[ani'male]
beest (het)	bestia (f)	['bestia]
eekhoorn (de)	scoiattolo (m)	[sko'jattolo]
egel (de)	riccio (m)	['ritʃo]
haas (de)	lepre (f)	['lepre]
konijn (het)	coniglio (m)	[ko'niʎʎo]
das (de)	tasso (m)	['tasso]
wasbeer (de)	procione (f)	[pro'tʃone]
hamster (de)	criceto (m)	[kri'tʃeto]
marmot (de)	marmotta (f)	[mar'motta]
mol (de)	talpa (f)	['talpa]
muis (de)	topo (m)	['topo]
rat (de)	ratto (m)	['ratto]
vleermuis (de)	pipistrello (m)	[pipi'strello]
hermelijn (de)	ermellino (m)	[ermel'lino]
sabeldier (het)	zibellino (m)	[dzibel'lino]
marter (de)	martora (f)	['martora]
wezel (de)	donnola (f)	['donnola]
nerts (de)	visone (m)	[vi'zone]

| bever (de) | castoro (m) | [kas'toro] |
| otter (de) | lontra (f) | ['lontra] |

paard (het)	cavallo (m)	[ka'vallo]
eland (de)	alce (m)	['altʃe]
hert (het)	cervo (m)	['tʃervo]
kameel (de)	cammello (m)	[kam'mello]

bizon (de)	bisonte (m) americano	[bi'zonte ameri'kano]
wisent (de)	bisonte (m) europeo	[bi'zonte euro'peo]
buffel (de)	bufalo (m)	['bufalo]

zebra (de)	zebra (f)	['dzebra]
antilope (de)	antilope (f)	[an'tilope]
ree (de)	capriolo (m)	[kapri'olo]
damhert (het)	daino (m)	['daino]
gems (de)	camoscio (m)	[ka'moʃo]
everzwijn (het)	cinghiale (m)	[tʃin'gjale]

walvis (de)	balena (f)	[ba'lena]
rob (de)	foca (f)	['foka]
walrus (de)	tricheco (m)	[tri'keko]
zeebeer (de)	otaria (f)	[o'taria]
dolfijn (de)	delfino (m)	[del'fino]

beer (de)	orso (m)	['orso]
ijsbeer (de)	orso (m) bianco	['orso 'bjanko]
panda (de)	panda (m)	['panda]

aap (de)	scimmia (f)	['ʃimmia]
chimpansee (de)	scimpanzè (m)	[ʃimpan'dze]
orang-oetan (de)	orango (m)	[o'rango]
gorilla (de)	gorilla (m)	[go'rilla]
makaak (de)	macaco (m)	[ma'kako]
gibbon (de)	gibbone (m)	[dʒib'bone]

olifant (de)	elefante (m)	[ele'fante]
neushoorn (de)	rinoceronte (m)	[rinotʃe'ronte]
giraffe (de)	giraffa (f)	[dʒi'raffa]
nijlpaard (het)	ippopotamo (m)	[ippo'potamo]

| kangoeroe (de) | canguro (m) | [kan'guro] |
| koala (de) | koala (m) | [ko'ala] |

mangoest (de)	mangusta (f)	[man'gusta]
chinchilla (de)	cincillà (f)	[tʃintʃil'la]
stinkdier (het)	moffetta (f)	[mof'fetta]
stekelvarken (het)	istrice (m)	['istritʃe]

89. Huisdieren

poes (de)	gatta (f)	['gatta]
kater (de)	gatto (m)	['gatto]
hond (de)	cane (m)	['kane]

paard (het)	cavallo (m)	[ka'vallo]
hengst (de)	stallone (m)	[stal'lone]
merrie (de)	giumenta (f)	[dʒu'menta]

koe (de)	mucca (f)	['mukka]
bul, stier (de)	toro (m)	['toro]
os (de)	bue (m)	['bue]

schaap (het)	pecora (f)	['pekora]
ram (de)	montone (m)	[mon'tone]
geit (de)	capra (f)	['kapra]
bok (de)	caprone (m)	[kap'rone]

| ezel (de) | asino (m) | ['azino] |
| muilezel (de) | mulo (m) | ['mulo] |

varken (het)	porco (m)	['porko]
biggetje (het)	porcellino (m)	[portʃel'lino]
konijn (het)	coniglio (m)	[ko'niʎʎo]

| kip (de) | gallina (f) | [gal'lina] |
| haan (de) | gallo (m) | ['gallo] |

eend (de)	anatra (f)	['anatra]
woerd (de)	maschio (m) dell'anatra	['maskio dell 'anatra]
gans (de)	oca (f)	['oka]

| kalkoen haan (de) | tacchino (m) | [tak'kino] |
| kalkoen (de) | tacchina (f) | [tak'kina] |

huisdieren (mv.)	animali (m pl) domestici	[ani'mali do'mestitʃi]
tam (bijv. hamster)	addomesticato	[addomesti'kato]
temmen (tam maken)	addomesticare (vt)	[addomesti'kare]
fokken (bijv. paarden ~)	allevare (vt)	[alle'vare]

boerderij (de)	fattoria (f)	[fatto'ria]
gevogelte (het)	pollame (m)	[pol'lame]
rundvee (het)	bestiame (m)	[bes'tjame]
kudde (de)	branco (m), mandria (f)	['branko], ['mandria]

paardenstal (de)	scuderia (f)	[skude'ria]
zwijnenstal (de)	porcile (m)	[por'tʃile]
koeienstal (de)	stalla (f)	['stalla]
konijnenhok (het)	conigliera (f)	[koniʎ'ʎera]
kippenhok (het)	pollaio (m)	[pol'lajo]

90. Vogels

vogel (de)	uccello (m)	[u'tʃello]
duif (de)	colombo (m), piccione (m)	[kolombo], [pi'tʃone]
mus (de)	passero (m)	['passero]
koolmees (de)	cincia (f)	['tʃintʃa]
ekster (de)	gazza (f)	['gattsa]
raaf (de)	corvo (m)	['korvo]

kraai (de)	cornacchia (f)	[kor'nakkia]
kauw (de)	taccola (f)	['takkola]
roek (de)	corvo (m) nero	['korvo 'nero]
eend (de)	anatra (f)	['anatra]
gans (de)	oca (f)	['oka]
fazant (de)	fagiano (m)	[fa'dʒano]
arend (de)	aquila (f)	['akwila]
havik (de)	astore (m)	[a'store]
valk (de)	falco (m)	['falko]
gier (de)	grifone (m)	[gri'fone]
condor (de)	condor (m)	['kondor]
zwaan (de)	cigno (m)	['tʃiɲo]
kraanvogel (de)	gru (f)	[gru]
ooievaar (de)	cicogna (f)	[tʃi'koɲa]
papegaai (de)	pappagallo (m)	[pappa'gallo]
kolibrie (de)	colibrì (m)	[koli'bri]
pauw (de)	pavone (m)	[pa'vone]
struisvogel (de)	struzzo (m)	['struttso]
reiger (de)	airone (m)	[ai'rone]
flamingo (de)	fenicottero (m)	[feni'kottero]
pelikaan (de)	pellicano (m)	[pelli'kano]
nachtegaal (de)	usignolo (m)	[uzi'ɲolo]
zwaluw (de)	rondine (f)	['rondine]
lijster (de)	tordo (m)	['tordo]
zanglijster (de)	tordo (m) sasello	['tordo sa'zello]
merel (de)	merlo (m)	['merlo]
gierzwaluw (de)	rondone (m)	[ron'done]
leeuwerik (de)	allodola (f)	[al'lodola]
kwartel (de)	quaglia (f)	['kwaʎʎa]
specht (de)	picchio (m)	['pikkio]
koekoek (de)	cuculo (m)	['kukulo]
uil (de)	civetta (f)	[tʃi'vetta]
oehoe (de)	gufo (m) reale	['gufo re'ale]
auerhoen (het)	urogallo (m)	[uro'gallo]
korhoen (het)	fagiano (m) di monte	[fa'dʒano di 'monte]
patrijs (de)	pernice (f)	[per'nitʃe]
spreeuw (de)	storno (m)	['storno]
kanarie (de)	canarino (m)	[kana'rino]
hazelhoen (het)	francolino (m) di monte	[franko'lino di 'monte]
vink (de)	fringuello (m)	[frin'gwello]
goudvink (de)	ciuffolotto (m)	[tʃuffo'lotto]
meeuw (de)	gabbiano (m)	[gab'bjano]
albatros (de)	albatro (m)	['albatro]
pinguïn (de)	pinguino (m)	[pin'gwino]

91. Vis. Zeedieren

brasem (de)	abramide (f)	[a'bramide]
karper (de)	carpa (f)	['karpa]
baars (de)	perca (f)	['perka]
meerval (de)	pesce (m) gatto	['peʃe 'gatto]
snoek (de)	luccio (m)	['lutʃo]
zalm (de)	salmone (m)	[sal'mone]
steur (de)	storione (m)	[sto'rjone]
haring (de)	aringa (f)	[a'ringa]
atlantische zalm (de)	salmone (m)	[sal'mone]
makreel (de)	scombro (m)	['skombro]
platvis (de)	sogliola (f)	['soʎʎoʎa]
snoekbaars (de)	lucioperca (f)	[lutʃo'perka]
kabeljauw (de)	merluzzo (m)	[mer'luttso]
tonijn (de)	tonno (m)	['tonno]
forel (de)	trota (f)	['trota]
paling (de)	anguilla (f)	[an'gwilla]
sidderrog (de)	torpedine (f)	[tor'pedine]
murene (de)	murena (f)	[mu'rena]
piranha (de)	piranha, piragna (f)	[pi'rania]
haai (de)	squalo (m)	['skwalo]
dolfijn (de)	delfino (m)	[del'fino]
walvis (de)	balena (f)	[ba'lena]
krab (de)	granchio (m)	['graŋkio]
kwal (de)	medusa (f)	[me'duza]
octopus (de)	polpo (m)	['polpo]
zeester (de)	stella (f) marina	['stella ma'rina]
zee-egel (de)	riccio (m) di mare	['ritʃo di 'mare]
zeepaardje (het)	cavalluccio (m) marino	[kaval'lutʃo ma'rino]
oester (de)	ostrica (f)	['ostrika]
garnaal (de)	gamberetto (m)	[gambe'retto]
kreeft (de)	astice (m)	['astitʃe]
langoest (de)	aragosta (f)	[ara'gosta]

92. Amfibieën. Reptielen

slang (de)	serpente (m)	[ser'pente]
giftig (slang)	velenoso	[vele'nozo]
adder (de)	vipera (f)	['vipera]
cobra (de)	cobra (m)	['kobra]
python (de)	pitone (m)	[pi'tone]
boa (de)	boa (m)	['boa]
ringslang (de)	biscia (f)	['biʃa]

ratelslang (de)	**serpente** (m) **a sonagli**	[ser'pente a so'naʎʎi]
anaconda (de)	**anaconda** (f)	[ana'konda]
hagedis (de)	**lucertola** (f)	[lu'tʃertola]
leguaan (de)	**iguana** (f)	[i'gwana]
varaan (de)	**varano** (m)	[va'rano]
salamander (de)	**salamandra** (f)	[sala'mandra]
kameleon (de)	**camaleonte** (m)	[kamale'onte]
schorpioen (de)	**scorpione** (m)	[skor'pjone]
schildpad (de)	**tartaruga** (f)	[tarta'ruga]
kikker (de)	**rana** (f)	['rana]
pad (de)	**rospo** (m)	['rospo]
krokodil (de)	**coccodrillo** (m)	[kokko'drillo]

93. Insecten

insect (het)	**insetto** (m)	[in'setto]
vlinder (de)	**farfalla** (f)	[far'falla]
mier (de)	**formica** (f)	[for'mika]
vlieg (de)	**mosca** (f)	['moska]
mug (de)	**zanzara** (f)	[dzan'dzara]
kever (de)	**scarabeo** (m)	[skara'beo]
wesp (de)	**vespa** (f)	['vespa]
bij (de)	**ape** (f)	['ape]
hommel (de)	**bombo** (m)	['bombo]
horzel (de)	**tafano** (m)	[ta'fano]
spin (de)	**ragno** (m)	['raɲo]
spinnenweb (het)	**ragnatela** (f)	[raɲa'tela]
libel (de)	**libellula** (f)	[li'bellula]
sprinkhaan (de)	**cavalletta** (f)	[kaval'letta]
nachtvlinder (de)	**farfalla** (f) **notturna**	[far'falla not'turna]
kakkerlak (de)	**scarafaggio** (m)	[skara'fadʒo]
teek (de)	**zecca** (f)	['tsekka]
vlo (de)	**pulce** (f)	['pultʃe]
kriebelmug (de)	**moscerino** (m)	[moʃe'rino]
treksprinkhaan (de)	**locusta** (f)	[lo'kusta]
slak (de)	**lumaca** (f)	[lu'maka]
krekel (de)	**grillo** (m)	['grillo]
glimworm (de)	**lucciola** (f)	['lutʃola]
lieveheersbeestje (het)	**coccinella** (f)	[kotʃi'nella]
meikever (de)	**maggiolino** (m)	[madʒo'lino]
bloedzuiger (de)	**sanguisuga** (f)	[sangwi'zuga]
rups (de)	**bruco** (m)	['bruko]
aardworm (de)	**verme** (m)	['verme]
larve (de)	**larva** (m)	['larva]

FLORA

94. Bomen

boom (de)	albero (m)	['albero]
loof- (abn)	deciduo	[de'tʃiduo]
dennen- (abn)	conifero	[ko'nifero]
groenblijvend (bn)	sempreverde	[sempre'verde]
appelboom (de)	melo (m)	['melo]
perenboom (de)	pero (m)	['pero]
zoete kers (de)	ciliegio (m)	[tʃi'ljedʒo]
zure kers (de)	amareno (m)	[ama'reno]
pruimelaar (de)	prugno (m)	['pruɲo]
berk (de)	betulla (f)	[be'tulla]
eik (de)	quercia (f)	['kwertʃa]
linde (de)	tiglio (m)	['tiʎʎo]
esp (de)	pioppo (m) tremolo	['pjoppo 'tremolo]
esdoorn (de)	acero (m)	['atʃero]
spar (de)	abete (m)	[a'bete]
den (de)	pino (m)	['pino]
lariks (de)	larice (m)	['laritʃe]
zilverspar (de)	abete (m) bianco	[a'bete 'bjanko]
ceder (de)	cedro (m)	['tʃedro]
populier (de)	pioppo (m)	['pjoppo]
lijsterbes (de)	sorbo (m)	['sorbo]
wilg (de)	salice (m)	['salitʃe]
els (de)	alno (m)	['alno]
beuk (de)	faggio (m)	['fadʒo]
iep (de)	olmo (m)	['olmo]
es (de)	frassino (m)	['frassino]
kastanje (de)	castagno (m)	[ka'staɲo]
magnolia (de)	magnolia (f)	[ma'ɲolia]
palm (de)	palma (f)	['palma]
cipres (de)	cipresso (m)	[tʃi'presso]
mangrove (de)	mangrovia (f)	[man'growia]
baobab (apenbroodboom)	baobab (m)	[bao'bab]
eucalyptus (de)	eucalipto (m)	[ewka'lipto]
mammoetboom (de)	sequoia (f)	[se'kwoja]

95. Heesters

struik (de)	cespuglio (m)	[tʃes'puʎʎo]
heester (de)	arbusto (m)	[ar'busto]

wijnstok (de)	vite (f)	['vite]
wijngaard (de)	vigneto (m)	[vi'ɲeto]
frambozenstruik (de)	lampone (m)	[lam'pone]
rode bessenstruik (de)	ribes (m) rosso	['ribes 'rosso]
kruisbessenstruik (de)	uva (f) spina	['uva 'spina]
acacia (de)	acacia (f)	[a'katʃa]
zuurbes (de)	crespino (m)	[kres'pino]
jasmijn (de)	gelsomino (m)	[dʒelso'mino]
jeneverbes (de)	ginepro (m)	[dʒi'nepro]
rozenstruik (de)	roseto (m)	[ro'zeto]
hondsroos (de)	rosa (f) canina	['roza ka'nina]

96. Vruchten. Bessen

vrucht (de)	frutto (m)	['frutto]
vruchten (mv.)	frutti (m pl)	['frutti]
appel (de)	mela (f)	['mela]
peer (de)	pera (f)	['pera]
pruim (de)	prugna (f)	['pruɲa]
aardbei (de)	fragola (f)	['fragola]
zure kers (de)	amarena (f)	[ama'rena]
zoete kers (de)	ciliegia (f)	[tʃi'ljedʒa]
druif (de)	uva (f)	['uva]
framboos (de)	lampone (m)	[lam'pone]
zwarte bes (de)	ribes (m) nero	['ribes 'nero]
rode bes (de)	ribes (m) rosso	['ribes 'rosso]
kruisbes (de)	uva (f) spina	['uva 'spina]
veenbes (de)	mirtillo (m) di palude	[mir'tillo di pa'lude]
sinaasappel (de)	arancia (f)	[a'rantʃa]
mandarijn (de)	mandarino (m)	[manda'rino]
ananas (de)	ananas (m)	[ana'nas]
banaan (de)	banana (f)	[ba'nana]
dadel (de)	dattero (m)	['dattero]
citroen (de)	limone (m)	[li'mone]
abrikoos (de)	albicocca (f)	[albi'kokka]
perzik (de)	pesca (f)	['peska]
kiwi (de)	kiwi (m)	['kiwi]
grapefruit (de)	pompelmo (m)	[pom'pelmo]
bes (de)	bacca (f)	['bakka]
bessen (mv.)	bacche (f pl)	['bakke]
vossenbes (de)	mirtillo (m) rosso	[mir'tillo 'rosso]
bosaardbei (de)	fragola (f) di bosco	['fragola di 'bosko]
blauwe bosbes (de)	mirtillo (m)	[mir'tillo]

97. Bloemen. Planten

bloem (de)	fiore (m)	['fjore]
boeket (het)	mazzo (m) di fiori	['mattso di 'fjori]
roos (de)	rosa (f)	['roza]
tulp (de)	tulipano (m)	[tuli'pano]
anjer (de)	garofano (m)	[ga'rofano]
gladiool (de)	gladiolo (m)	[gla'djolo]
korenbloem (de)	fiordaliso (m)	[fjorda'lizo]
klokje (het)	campanella (f)	[kampa'nella]
paardenbloem (de)	soffione (m)	[sof'fjone]
kamille (de)	camomilla (f)	[kamo'milla]
aloë (de)	aloe (m)	['aloe]
cactus (de)	cactus (m)	['kaktus]
ficus (de)	ficus (m)	['fikus]
lelie (de)	giglio (m)	['dʒiʎʎo]
geranium (de)	geranio (m)	[dʒe'ranio]
hyacint (de)	giacinto (m)	[dʒa'tʃinto]
mimosa (de)	mimosa (f)	[mi'moza]
narcis (de)	narciso (m)	[nar'tʃizo]
Oost-Indische kers (de)	nasturzio (m)	[na'sturtsio]
orchidee (de)	orchidea (f)	[orki'dea]
pioenroos (de)	peonia (f)	[pe'onila]
viooltje (het)	viola (f)	[vi'ola]
driekleurig viooltje (het)	viola (f) del pensiero	[vi'ola del pen'sjero]
vergeet-mij-nietje (het)	nontiscordardimè (m)	[non·ti·skordar·di'me]
madeliefje (het)	margherita (f)	[marge'rita]
papaver (de)	papavero (m)	[pa'pavero]
hennep (de)	canapa (f)	['kanapa]
munt (de)	menta (f)	['menta]
lelietje-van-dalen (het)	mughetto (m)	[mu'getto]
sneeuwklokje (het)	bucaneve (m)	[buka'neve]
brandnetel (de)	ortica (f)	[or'tika]
veldzuring (de)	acetosa (f)	[atʃe'toza]
waterlelie (de)	ninfea (f)	[nin'fea]
varen (de)	felce (f)	['feltʃe]
korstmos (het)	lichene (m)	[li'kene]
oranjerie (de)	serra (f)	['serra]
gazon (het)	prato (m) erboso	['prato er'bozo]
bloemperk (het)	aiuola (f)	[aju'ola]
plant (de)	pianta (f)	['pjanta]
gras (het)	erba (f)	['erba]
grasspriet (de)	filo (m) d'erba	['filo 'derba]

blad (het)	foglia (f)	['foʎʎa]
bloemblad (het)	petalo (m)	['petalo]
stengel (de)	stelo (m)	['stelo]
knol (de)	tubero (m)	['tubero]

| scheut (de) | germoglio (m) | [dʒer'moʎʎo] |
| doorn (de) | spina (f) | ['spina] |

bloeien (ww)	fiorire (vi)	[fjo'rire]
verwelken (ww)	appassire (vi)	[appas'sire]
geur (de)	odore (m), profumo (m)	[o'dore], [pro'fumo]
snijden (bijv. bloemen ~)	tagliare (vt)	[taʎ'ʎare]
plukken (bloemen ~)	cogliere (vt)	['koʎʎere]

98. Granen, graankorrels

graan (het)	grano (m)	['grano]
graangewassen (mv.)	cereali (m pl)	[ʧere'ali]
aar (de)	spiga (f)	['spiga]

tarwe (de)	frumento (m)	[fru'mento]
rogge (de)	segale (f)	['segale]
haver (de)	avena (f)	[a'vena]
gierst (de)	miglio (m)	['miʎʎo]
gerst (de)	orzo (m)	['ortso]

maïs (de)	mais (m)	['mais]
rijst (de)	riso (m)	['rizo]
boekweit (de)	grano (m) saraceno	['grano sara'ʧeno]

erwt (de)	pisello (m)	[pi'zello]
nierboon (de)	fagiolo (m)	[fa'dʒolo]
soja (de)	soia (f)	['soja]
linze (de)	lenticchie (f pl)	[len'tikkje]
bonen (mv.)	fave (f pl)	['fave]

LANDEN VAN DE WERELD

99. Landen. Deel 1

Afghanistan (het)	Afghanistan (m)	[af'ganistan]
Albanië (het)	Albania (f)	[alba'nia]
Argentinië (het)	Argentina (f)	[ardʒen'tina]
Armenië (het)	Armenia (f)	[ar'menia]
Australië (het)	Australia (f)	[au'stralia]
Azerbeidzjan (het)	Azerbaigian (m)	[azerbaj'dʒan]
Bahama's (mv.)	le Bahamas	[le ba'amas]
Bangladesh (het)	Bangladesh (m)	['bangladeʃ]
België (het)	Belgio (m)	['beldʒo]
Bolivia (het)	Bolivia (f)	[bo'livia]
Bosnië en Herzegovina (het)	Bosnia-Erzegovina (f)	['boznia-ertse'govina]
Brazilië (het)	Brasile (m)	[bra'zile]
Bulgarije (het)	Bulgaria (f)	[bulga'ria]
Cambodja (het)	Cambogia (f)	[kam'bodʒa]
Canada (het)	Canada (m)	['kanada]
Chili (het)	Cile (m)	['tʃile]
China (het)	Cina (f)	['tʃina]
Colombia (het)	Colombia (f)	[ko'lombia]
Cuba (het)	Cuba (f)	['kuba]
Cyprus (het)	Cipro (m)	['tʃipro]
Denemarken (het)	Danimarca (f)	[dani'marka]
Dominicaanse Republiek (de)	Repubblica (f) Dominicana	[re'pubblika domini'kana]
Duitsland (het)	Germania (f)	[dʒer'mania]
Ecuador (het)	Ecuador (m)	[ekva'dor]
Egypte (het)	Egitto (m)	[e'dʒitto]
Engeland (het)	Inghilterra (f)	[ingil'terra]
Estland (het)	Estonia (f)	[es'tonia]
Finland (het)	Finlandia (f)	[fin'landia]
Frankrijk (het)	Francia (f)	['frantʃa]
Frans-Polynesië	Polinesia (f) Francese	[poli'nezia fran'tʃeze]
Georgië (het)	Georgia (f)	[dʒe'ordʒa]
Ghana (het)	Ghana (m)	['gana]
Griekenland (het)	Grecia (f)	['gretʃa]
Groot-Brittannië (het)	Gran Bretagna (f)	[gran bre'taɲa]
Haïti (het)	Haiti (m)	[a'iti]
Hongarije (het)	Ungheria (f)	[unge'ria]
Ierland (het)	Irlanda (f)	[ir'landa]
IJsland (het)	Islanda (f)	[iz'landa]
India (het)	India (f)	['india]
Indonesië (het)	Indonesia (f)	[indo'nezia]

Irak (het)	Iraq (m)	['irak]
Iran (het)	Iran (m)	['iran]
Israël (het)	Israele (m)	[izra'ele]
Italië (het)	Italia (f)	[i'talia]

100. Landen. Deel 2

Jamaica (het)	Giamaica (f)	[dʒa'majka]
Japan (het)	Giappone (m)	[dʒap'pone]
Jordanië (het)	Giordania (f)	[dʒor'dania]
Kazakstan (het)	Kazakistan (m)	[ka'zakistan]
Kenia (het)	Kenya (m)	['kenia]
Kirgizië (het)	Kirghizistan (m)	[kir'gizistan]
Koeweit (het)	Kuwait (m)	[ku'vejt]

Kroatië (het)	Croazia (f)	[kro'atsia]
Laos (het)	Laos (m)	['laos]
Letland (het)	Lettonia (f)	[let'tonia]
Libanon (het)	Libano (m)	['libano]
Libië (het)	Libia (f)	['libia]
Liechtenstein (het)	Liechtenstein (m)	['liktenstajn]
Litouwen (het)	Lituania (f)	[litu'ania]

Luxemburg (het)	Lussemburgo (m)	[lussem'burgo]
Macedonië (het)	Macedonia (f)	[matʃe'donia]
Madagaskar (het)	Madagascar (m)	[madagas'kar]
Maleisië (het)	Malesia (f)	[ma'lezia]
Malta (het)	Malta (f)	['malta]
Marokko (het)	Marocco (m)	[ma'rokko]
Mexico (het)	Messico (m)	['messiko]

Moldavië (het)	Moldavia (f)	[mol'davia]
Monaco (het)	Monaco (m)	['monako]
Mongolië (het)	Mongolia (f)	[mo'ngolia]
Montenegro (het)	Montenegro (m)	[monte'negro]
Myanmar (het)	Birmania (f)	[bir'mania]
Namibië (het)	Namibia (f)	[na'mibia]
Nederland (het)	Paesi Bassi (m pl)	[pa'ezi 'bassi]

Nepal (het)	Nepal (m)	[ne'pal]
Nieuw-Zeeland (het)	Nuova Zelanda (f)	[nu'ova dze'landa]
Noord-Korea (het)	Corea (f) del Nord	[ko'rea del nord]
Noorwegen (het)	Norvegia (f)	[nor'vedʒa]
Oekraïne (het)	Ucraina (f)	[uk'raina]
Oezbekistan (het)	Uzbekistan (m)	[uz'bekistan]
Oostenrijk (het)	Austria (f)	['austria]

101. Landen. Deel 3

Pakistan (het)	Pakistan (m)	['pakistan]
Palestijnse autonomie (de)	Palestina (f)	[pale'stina]
Panama (het)	Panama (m)	['panama]

Paraguay (het)	Paraguay (m)	[para'gwaj]
Peru (het)	Perù (m)	[pe'ru]
Polen (het)	Polonia (f)	[po'lonia]
Portugal (het)	Portogallo (f)	[porto'gallo]
Roemenië (het)	Romania (f)	[roma'nia]
Rusland (het)	Russia (f)	['russia]
Saoedi-Arabië (het)	Arabia Saudita (f)	[a'rabia sau'dita]
Schotland (het)	Scozia (f)	['skotsia]
Senegal (het)	Senegal (m)	[sene'gal]
Servië (het)	Serbia (f)	['serbia]
Slovenië (het)	Slovenia (f)	[zlo'venia]
Slowakije (het)	Slovacchia (f)	[zlo'vakkia]
Spanje (het)	Spagna (f)	['spaɲa]
Suriname (het)	Suriname (m)	[suri'name]
Syrië (het)	Siria (f)	['siria]
Tadzjikistan (het)	Tagikistan (m)	[ta'dʒikistan]
Taiwan (het)	Taiwan (m)	[taj'van]
Tanzania (het)	Tanzania (f)	[tan'dzania]
Tasmanië (het)	Tasmania (f)	[taz'mania]
Thailand (het)	Tailandia (f)	[taj'landia]
Tsjechië (het)	Repubblica (f) Ceca	[re'pubblika 'tʃeka]
Tunesië (het)	Tunisia (f)	[tuni'zia]
Turkije (het)	Turchia (f)	[tur'kia]
Turkmenistan (het)	Turkmenistan (m)	[turk'menistan]
Uruguay (het)	Uruguay (m)	[uru'gwaj]
Vaticaanstad (de)	Vaticano (m)	[vati'kano]
Venezuela (het)	Venezuela (f)	[venetsu'ela]
Verenigde Arabische Emiraten	Emirati (m pl) Arabi	[emi'rati 'arabi]
Verenigde Staten van Amerika	Stati (m pl) Uniti d'America	['stati u'niti da'merika]
Vietnam (het)	Vietnam (m)	['vjetnam]
Wit-Rusland (het)	Bielorussia (f)	[bjelo'russia]
Zanzibar (het)	Zanzibar	['dzandzibar]
Zuid-Afrika (het)	Repubblica (f) Sudafricana	[re'pubblika sudafri'kana]
Zuid-Korea (het)	Corea (f) del Sud	[ko'rea del sud]
Zweden (het)	Svezia (f)	['zvetsia]
Zwitserland (het)	Svizzera (f)	['zvittsera]